# Eucaristia
O Alimento e a Palavra

Ghislain Lafont

# Eucaristia
## O Alimento e a Palavra

1ª edição
São Paulo – 2021

Fons Sapientiae

# Edições Fons Sapientiae
*um selo da Distribuidora Loyola*

|  |  |
|---|---|
|  | Foi traduzido do Francês |
|  | Les Éditions du Cerf – Paris – 2001 |
|  | Título original: Eucharistie Le repas et la parole |
| **Direitos:** | © Copyright 2021 – 1ª edição |
| **Título:** | Eucaristia: O alimento e a palavra |
| **ISBN:** | 978-65-86085-14-3 |
| **Fundador:** | Jair Canizela (1941-2016) |
| **Diretor Geral:** | Vitor Tavares |
| **Diretor Editorial:** | Rogério Reis Bispo |
| **Tradutor:** | Omayr José de Moraes Junior |
| **Revisão:** | Mauricio Pagotto Marsola |
| **Diagramação e capa:** | Telma Custodio |

```
            Dados Internacionais de Catalogação na Publicação (CIP)
                   (Câmara Brasileira do Livro, SP, Brasil)

         Lafont, Ghislain
            Eucaristia : O alimento e a palavra / Ghislain
         Lafont ; [tradução Omayr José de Moraes Junior]. --
         1. ed. -- São Paulo : Edições Fons Sapientiae, 2021.

            Título original: Eucharistie Le repas et la parole
            ISBN 978-65-86085-14-3

            1. Eucaristia - Igreja Católica I. Título.

         21-61978                               CDD-264.02036
                    Índices para catálogo sistemático:

            1. Eucaristia : Igreja Católica : Cristianismo
               264.02036

            Cibele Maria Dias - Bibliotecária - CRB-8/9427
```

Edições Fons Sapientiae
é um selo da Distribuidora Loyola de Livros

Rua Lopes Coutinho, 74 - Belenzinho 03054-010 São Paulo - SP
T 55 11 3322 0100 | editorial@FonsSapientiae.com.br
www.FonsSapientiae.com.br

Todos os direitos reservados. Nenhuma parte desta obra pode ser reproduzida ou transmitida por qualquer forma ou quaisquer meios (eletrônico ou mecânico, incluindo fotocópias e gravação) ou arquivada em qualquer sistema ou banco de dados sem permissão escrita

# SUMÁRIO

APRESENTAÇÃO .................................................................................................. 7

Introdução ........................................................................................................ 15

capítulo I
Comer beber: O alimento Substância e símbolo ............................................ 21

Capítulo II
Falar ................................................................................................................. 51

Capítulo III
Eucaristia ......................................................................................................... 85

Capítulo IV
Morte e ressurreição ..................................................................................... 109

Capítulo V
O Corpo e o Sangue ...................................................................................... 135

Conclusão ...................................................................................................... 151

# APRESENTAÇÃO

"Quem sabe se toda a nossa teologia não seja mais que uma custosa reeducação dos povos que esqueceram as leis primárias da arte de viver?"

Ghislain Lafont[1]

Se é verdade que "certa emoção é a condição da minha objetividade"[2], é preciso admitir que este livro, justamente por ser muito emocionante, apaixonante e até desconcertante, atinge um grau surpreendentemente intenso de objetividade, propondo — com seu "belo estilo" – aquele ato de compreensão e exposição teológica da Eucaristia cristã, que representa um dos nós mais delicados a serem desfeitos de toda a malha conceitual e experiencial da fé cristã.

Emocionante, apaixonante, impactante: palavras ousadas, exigentes, mas absolutamente pertinentes a uma obra que nunca deixa o leitor indiferente: palavras que são também unilaterais e perturbadoras, visto que o opúsculo de Lafont é de leitura surpreendentemente linear, clássico e mesmo elementar.

Talvez seja esta precisamente uma das características mais singulares deste autor, que recentemente foi muito bem recebido em âmbito italiano com a tradução de muitas de suas obras[3]: Lafont sabe reunir e mantém juntos registros que normalmente pertencem a escolas, estilos, experiências e até mesmo pessoas contrastantes.

---

[1] GH. LAFONT, *Eucaristie. Le repas et la parole*, Paris, Cerf, 2001, p. 38. Na presente edição p. XY. Para as próximas citações do volume, usaremos a abreviação ERP.
[2] LAFONT, ERP, 58. Na presente edição, p. XY.
[3] Refiro-me à *Histoire théologique de l'Église catholique : itinéraire et formes de la théologie*, Cerf, 1994 [*História Teológica da Igreja. Itinerário e formas de teologia*] e *Imaginer l'Église catholique*, Cerf, 1995 [*Imaginar a Igreja Católica*]. Antes já fora traduzido em italiano — infelizmente, só em parte *Dieu, le temps et l'être*, Cerf, 1986 [*Dio, il Tempo e l'Essere*, Casale Monferrato, Piemme, 1992].

Gostaria de tentar apresentar este novo livro, tão sábio e sapiente, movendo-me em paralelo com o pensamento de seu autor: autor e obra se entrelaçarão e se encontrarão continuamente, como que aplicando, nesta apresentação, a regra da Aliança e da Partilha que encerra o volume. Depois de uma breve exposição da estrutura geral do livro, tentarei acompanhá-lo seguindo quatro percursos (reflexão antropológica, especulação dogmática, reflexão litúrgica, meditação espiritual); em cada um deles, encontraremos algum aspecto particular do ensinamento teológico de Ghislain Lafont como um todo.

## 1. A estrutura geral

O livro destaca-se, pois, por uma singular originalidade, por uma *brevitas* e uma *à plomb* de grande elegância, por um olhar original e profundo, por um "tato" fino e delicado, mas também por um olhar despreconceituoso e imediato, pelo modo direto e original com que ousa tratar o sujeito eucarístico.

Começa-se pelo ser humano, de modo radical. Os dois primeiros capítulos estão, de fato, consagrados a duas ações que nos qualificam em nossa relação com o próximo e com Deus: comer, beber e falar são estudados como o horizonte humano e mais que humano dentro do qual pode se desenrolar a ceia eucarística, e na qual – é preciso lembrar – antes de tudo, comemos, bebemos e falamos.

A esses dois primeiros capítulos segue um terceiro, no qual se aborda o "texto-chave" da Eucaristia, a oração eucarística, cuja estrutura é analisada com precisão e reconduzida ao seu significado fundamental, concluindo com páginas intensas sobre a festa, como condição da máxima ativação máxima do sentido profundo das ações humanas mais elementares.

O quarto capítulo transfere a atenção do leitor para o Mistério Pascal, isto é, sobre o evento da Morte e Ressurreição dos quais a Eucaristia é memória e presença atual. Uma vez mais, as sutis investigações teológicas estão apoiadas por um amplo recurso a uma fenomenologia da morte humana, do "morrer por" e da ressurreição da comunidade junto com o seu Senhor.

Finalmente, o último capítulo trata do tema do Corpo e do Sangue, no qual todos os temas anteriores são resumidos: o comer, o beber, o falar, a união conjugal e o morrer encontram nele a sua síntese. Precisamente a essa altura, com grande profundidade unida a uma singular linearidade, discute-se a noção teológica central que interpreta ainda hoje o pão e o vinho em relação ao Corpo e ao Sangue: o conceito de transubstanciação.

As conclusões retomam toda a linha argumentativa, percorrerendo de novo toda a transfiguração humana, que por um lado a comida, a palavra, o sexo e a morte revelam em geral como "troca" e como "dom", e que por outro lado, dentro da particular dinâmica celebrativa da Eucaristia, assume toda a sua evidência.

Mas isso é, por assim dizer, apenas o aperitivo. Para entrar ainda mais na trama do opúsculo, é possível seguir quatro perspectivas de leitura, e cada uma delas nos mostrará ao mesmo tempo também um dos "interesses" fundamentais de seu autor.

## 2. Reflexão antropológica

Ghislain Lafont, como ele mesmo confessa na Introdução ao nosso texto, deixou-se dizer uma palavra importante pela antropologia do século XX: mesmo daquela menos "harmônica" com os discursos teológicos. Ele não se deixou distrair por aquela desconfiança fundamental que a teologia longamente teve e continua a ter em relação à produção antropológico-cultural ao ponto de assumir palavras de fogo, como as que ressoam na boca de um filósofo tão caro a Lafont como E. Lévinas, mas que, à diferença de nosso autor, expressa pensamentos duríssimos contra o antropólogo Lévi-Strauss:

> "O ateísmo moderno não é a negação de Deus, mas o indiferentismo dos *Tristes Trópicos*, que considero o livro mais ateu escrito hoje, absolutamente desorientado e desorientador".

Lafont, em vez disso, reconhece sua dívida para com as leituras antropológicas — Mauss e Lévi-Strauss, Leroi-Gouran e Bachelard, Camporesi e Eliade — e a todos cita em sua pesquisa, como autores essenciais para compreender esse fundo humano — e nunca "demasiado humano" — sobre o qual a Eucaristia "trabalha"[4].

Por outro lado, essas "fontes" não são novas no trabalho teológico de Lafont. Bastaria lembrar a sua importante presença em trabalhos anteriores[5], para compreender que não se trata de uma "maquiagem" da moda ou de uma tendência *à la page*, mas sobretudo de uma instância teológica básica do trabalho sistemático de nosso autor.

Já que não se pode fazer teologia fora da linguagem concreta da fé, e já que a fé usa principalmente a linguagem das grandes simbólicas da refeição, do sexo e da morte, e visto que a tais símbolos foram dedicados grandes estudos da antropologia cultural, a teologia tampouco pode deixar de interagir com essas ciências humanas: programaticamente, Lafont pode dizer o seguinte:

> No ensaio que se segue, tento fazer uma leitura da Eucaristia a partir desses grandes símbolos, dos quais as ciências humanas tanto se ocuparam na segunda metade do século XX.[6]

Concretamente, isso significa um interesse radical pelo "fenômeno" mais elementar com que nos deparamos na Eucaristia. Isso se explica, talvez, ao se recordar a base tomista do pensamento de Lafont, que em seu interesse teórico pelo "sensível" é levado sempre a ser curioso acerca de todas as releituras que dele propõe a cultura contemporânea, do "desconstrucionismo" às simbólicas do cinema[7].

---

[4] E. Lévinas, *Difficile libertà. Saggi sul giudaismo*, Brescia, La Scuola, 1986, 118. [*Difícil liberdade. Ensaios sobre judaísmo*].
[5] Convém lembrar que toda a primeira parte de *Dieu, le Temps et l'Etre*, Paris, Cerf, 1986 [*Deus, o Tempo e o Ser*] onder toda a primeira parte sobre "Tempo perdido e ser não encontrável" é construída sobre abundantes fontes antropológicas e culturais.
[6] Lafont, ERP, 9. Na presente edição, p. XY.
[7] Não nos esqueçamos da grande estreia teológica do G. Lafont, *Structures et méthode dans la "Somme Théologique" de Saint Thomas d'Aquin* [*Estruturas e método na "Suma Teológica" de Santo Tomás de Aquino* ] publicado originalmente em 1961 e depois reeditado pelas Éditions du Cerf, Paris, em 1969 e, mais recentemente, em 1996. Por outro lado, algumas notas do nosso livro sobre a Eucaristia partilham abundantemente o grande interesse de Lafont pelo cinema contemporâneo.

## 3. Especulação dogmática

Mesmo com toda sua abertura às ciências humanas, o presente livro continua sendo um breve ensaio de um autor que faz teologia dogmática e sistemática. Este fato não deve surpreender: o pensamento de Lafont permanece acima de tudo um "pensamento teológico" que, em virtude do mistério central da fé — Encarnação e Mistério Pascal, Morte e Ressurreição, Corpo e Sangue, Deus Pai, Filho e Espírito Santo – se abre a toda releitura contemporânea no horizonte de possibilidade do mistério cristão. Em certo sentido, estamos sempre na órbita do título de uma das primeiras grandes obras de nosso autor: *Peut-on connaitre Dieu en Jésus-Christ?* [*Pode-se conhecer Deus em Jesus Cristo?*][8]. Também a Eucaristia é um modo de "conhecer", de conhecer o absoluto de "Deus", mas em "Jesus Cristo", com ele e mediante ele; portanto, com toda a humanidade e a sensibilidade, a historicidade e a afetividade que esse "Nome" comporta. Esse "Nome" não pode se subsistir sem "laços". Mesmo ao pretender apresentar de maneira linear o sentido da Eucaristia cristã, Lafont não se esquece de sua vocação especulativa, tão autenticamente cristã, quanto necessariamente filosófica e dogmática. Nem podemos desconsiderar que a sua síntese teológica, oferecida nos grandes volumes já citados, apresentou sempre um horizonte que ele mesmo não poderia chamar melhor que "eucarístico"[9].

Em nosso livro, isso significa que a grande "desordem" da abordagem antropológica sempre encontra um "critério ordenador", primeiro e último, uma Origem e um Fim, que é radical e rigorosamente sistemático e, como tal, funciona também como princípio organizador do material e da exposição. O leitor, que também se sente levado por caminhos desconhecidos e dentro de "selvas escuras", reencontra sempre um horizonte pacificado e um "caminho certo" ao fundo.

---

[8] Paris, Cerf, 1969.
[9] Cf G. Lafont, "Verso un rinnovato orientamento eucaristico del linguaggio teologico" [Rumo a uma renovada orientação eucarística da linguagem teológica], in Il sapere teologico e il suo metodo. Teologia, ermeneutica e verità, ed. I. Sanna, Bologna, EDB, 1993, 257-270.

## 4. O aprofundamento litúrgico

Mas um princípio dogmático não seria suficiente para "produzir" o texto que temos diante de nós. Mesmo sua estrutura trai um elemento ulterior: a "ponte" entre a primeira parte (prevalentemente antropológica), constituída pelos capítulos 1 e 2, e a segunda parte (prevalentemente teológica-sistemática) dos capítulos 4 e 5, é formada por uma seção intermediária, de caráter prevalentemente litúrgico, que permite precisamente a passagem da primeira para a segunda parte.

Há de fato uma terceira componente da sensibilidade de Ghislain Lafont, que poderíamos definir de "sensibilidade litúrgica", mesmo que nunca tenha sido um liturgista em sentido estrito[10]. No entanto, como poucos ele colheu que é na concretude do ato celebrativo que se pode e se deve apreender a riqueza teológica e antropológica do "sacramento do Altar".

Assim, a análise meticulosa da III Oração Eucarística do missal de Paulo VI não é um exercício de filologia ou de arqueologia litúrgica, nem simplesmente um comentário teológico do texto, mas sim uma oportunidade para por à prova esse entrelaçamento entre palavra e refeição que já por si só revelou algo essencial sobre a relação entre Deus e o ser humano, mas que neste capítulo III parece totalmente assumido pela lógica do texto oficial e capaz de revelar nuances de outra forma invisíveis.

A lógica mesma com que invocação, evocação, intercessão e aclamação se sucedem inextricavelmente — ao mesmo tempo como assunto antropológico e como um princípio cristológico, sem fechamento no primeiro e sem imposições indevidas do segundo — a coimplicação de teológico e litúrgico, como agora é sempre mais claro também na própria investigação litúrgica. O Nome é alimento e o alimento é Nome: a praxe litúrgica sempre o soube, mesmo que a teoria custe a admitir e reconhecer.

---

[10] Em sua bibliografia (cf. J. DRISCOLL [ed.], *Imaginer la théologie catholique. Mélanges offerts à Ghislain Lafont*, Roma, Studia Anselmiana, 2000, 15-20) falta um grande texto, estritamente "litúrgico», embora existam numerosos artigos e idéias importantes nas obras maiores. Nem podemos esquecer o seu longo magistério no Pontifício Ateneu de Santo Anselmo, Roma, junto ao curso de Especialização Dogmático-Sacramental, em estreito contato com tantos liturgistas.

## 5. Meditação espiritual

Precisamente essa nova consciência do entrelaçamento profundo de teologia e de liturgia, mediada pelas simbólicas culturais analisadas pelas ciências humanas, se manifesta também no último nível de interesse do livro: isto é, o seu perfil de teologia espiritual, particular mediado pela sensibilidade monástica do Autor.

No fundo há precisamente a concretude simples e direta da vida monástica, da sua "regrada devoção" (Muratori) e da sua "profundidade superficial" (Wittgenstein). Se o comer eclesial não é apenas o da Eucaristia, mas também o do "refeitório"; se a oração não é apenas a da celebração do domingo, mas também a da "liturgia das horas", até sete vezes por dia; se o falar não é apenas o das fórmulas prescritas, mas também o da invocação e o da narração, da intercessão e da aclamação no relacionamento cotidiano, eis então a transfiguração à qual a Eucaristia submete a experiência humana, não importa se ligada a um "princípio monástico" ou a um "princípio doméstico" da sua experiência cristã.

Seja como for, este horizonte espiritual é talvez aquele em que Lafont melhor demonstra como afastamento de uma teologia "clerical" só é possível quando a reconciliação com o sentido fé da fé ocorre também, sempre, através do corpo, através da refeição, através da palavra, através do sexo, através da morte. A experiência do Espírito é uma experiência radicalmente corpórea: essa antiga verdade encontra aqui novas palavras e imagens fora do comum, mas elas são ainda mais decisivas hoje, para que tal experiência continue a ser a experiência possível para todos os cristãos. Que essas experiências corporais – enquanto grandes simbólicas elementares — são as primeiras a nos anunciar Cristo e, portanto, a "revela-lo", é o segredo do grande texto que estamos prestes a degustar.

## 6. Conclusão

O que Ghislain Lafont nos propõe neste trabalho é verdadeiramente notável. Seu livro oferece ao leitor algumas perspectivas de releitura da experiência eucarística, e elas são de tal modo originais, que podemos dizer que são quase um *novum* absoluto dentro do panorama teológico, não só de hoje, mas de sempre[11]. Ninguém nunca tinha falado do sacramento do Santíssimo Sacramento, usando como base este entrelaçamento de "figuras" e "formas": a comida, o sexo, a palavra, a morte são as grandes portas pelas quais Lafont nos leva não apenas a revisitar o grande museu, mas a condividir a grande experiência viva e vital da Eucaristia.

Um simples gesto e palavras poéticas constituem o horizonte em que tomam forma e assume carne a Aliança com Deus e a Condivisão com o próximo, a paz concedida e a justiça projetada. Voltar a compreender esta dimensão elementar da Eucaristia significa antes de mais nada redescobrir a verdadeira vocação da teologia em tempos pósmodernos — uma teologia concebida como uma reeducação para riqueza do que é elementar — mas significa, por isso, também uma tentativa de tornar acessível toda a delicadeza e a profundidade daqueles gestos rituais nos quais se oculta o sentido originário do relacionamento com Deus e com o próximo. Pois assim Deus quis e porque assim nós o fizemos:

Uma só realidade se toca, se recolhe e se amplia mediante os grandes símbolos que tecem a nossa existência: propocionar alimentos e, simplesmente, aceitá-los; trocar carícias, espalhar e acolher sementes; deixar correr o próprio sangue e intercambiar a vida porque o Outro morreu. Com variações de intensidade, é sempre o único movimento da vida que se manifesta e se realiza[12].

Andrea Grillo<br>Savona, 29 de março de 2002.

---

[11] O próprio Lafont antecipou o sentido deste volume no ticolo *Eucaristia*, in A. GRILLO — M. PERRONI — P.-R. TRAGAN, *Corso di teologia sacramentaria*, vol. II, Brescia, Queriniana, 2000, 188-225. Em um nível completamente diferente, e com menor interesse estritamente teológico, encontramos temas semelhantes no volume de RUBEM A. ALVES, *Parole da mangiare*, Magnano (VC), Qiqajon, 1998. O argumento foi antecipado em uma publicação anterior (capítulos 5-6, pp. 101-140) com o título: "La cucina come parabola" [A cozinha como parábola], Magnano (VC), Qiqajon, 1996.

[12] LAFONT, ERP, 38. Na presente edição, XY.

# INTRODUÇÃO

Nossa existência humana apresenta certo número de rostos concretos, de comportamentos, de condutas e, poderíamos dizer, certo número de "figuras" que nenhuma religião ou sabedoria autêntica pode ignorar, mas que pode integrar, recusar ou transfigurar conforme o caso: tais realidades são o *alimento*, o *trabalho*, a *sexualidade* e, por fim, a *morte*, realidades às quais correspondem todos os registros da voz e da palavra humana, invocação, narrativa, poema, lei... Essas figuras e essas palavras nos ocupam continuamente: elas habitam a literatura; provocam as artes plásticas, as artes dramáticas e a coreografia; o cinema, em última análise, resume-se a isso.

Estes figuras evocam umas às outras, correspondem-se, fecundam-se mutuamente, mas nenhuma delas é perfeita, isto é, consegue satisfazer plenamente o desejo, pessoal e coletivo, do ser humano. Em seu conjunto ou singularmente, elas apontam a mesma direção, e o sentido de cada uma é revelado em parte por sua semelhança e por sua distinção em relação às outras; nenhuma alcança o seu termo no sentido de ser uma performance final, exaustiva; por isso elas permanecem abertas, evocam o que significam e parcialmente alcançam algo "de outro lugar" ou algo de "outro", que ignoram e não podem produzir e que, no entanto, responde, melhor que elas mesmas, àquilo que buscam: um tipo de comunhão universal que seja sua transfiguração e que poderia ser chamada por uma palavra global: "salvação". Reciprocamente, essa salvação está significada por sua mediação: é o banquete escatológico, fonte da juventude, alimento da imortalidade, união mística, repouso perfeito; negativamente, é a supressão do sofrimento, desaparição da morte. Cada uma à sua maneira, as religiões e as sabedorias talvez indiquem este "noutro lugar" ou este "outro" e propõem caminhos para alcançá-los. Esses caminhos são, em definitivo, outras tantas variantes características no uso e na prática das figuras e das palavras comuns a todos, enquanto que a "religião" incluindo além disso, o rito, ou seja, certo uso simbólico de figuras de alimentação, de sexualidade e morte que correspondem à memória conservada em uma tradição, enquanto que a "sabedoria" valoriza sobretudo a ética dos comportamentos e a interioridade da salvação procurada, mediante certo privilégio concedido à palavra, particularmente a da lei, e depois ao silêncio.

Mas se lermos as narrativas e os poemas da Sagrada Escritura com estes símbolos no coração e na memória, ficaremos surpresos de encontrá-los a cada página: entramos naquilo que o Padre de Lubac chamava "o ar dos símbolos"[1] e estes renovam o entendimento do texto sagrado. Ora, se isso é assim com a Escritura, o mesmo não passa também com a liturgia e, em particular, com a celebração eucarística, rito essencial da religião cristã? A Eucaristia, de fato, implica o uso da palavra, especialmente em suas modalidades de invocação (oração) e de memória (narrativa) e ela associa os alimentos (pão e vinho) ao evento da morte e ressurreição de Jesus de Nazaré. O trabalho e a sexualidade não estão diretamente implicados no rito, mas como que o tangenciam: o alimento de que se fala é um produto transformado pelo homem e não apenas um comestível natural. Quanto ao fruto espiritual e humano alcançado pela celebração do rito, ele se exprime claramente no registro simbólico da união, da conjugalidade e pretende alcançar de tal modo o cume espiritual visado pela sabedoria. A leitura do *Cântico dos Cânticos* fazia parte dos elementos conclusivos da celebração; As orações que concluem nossas Eucaristias muito frequentemente fazem alusão ao amor. Diz-se que os Cartuxos, depois da comunhão, se estendem em suas estalas, com o corpo inclinado e a cabeça apoiada na mão, como se, naquele momento, se realizassem para eles as palavras inspiradas: "sua mão esquerda está sob a minha cabeça, sua mão direita me abraça"(Ct 2, 6).

No ensaio que se segue, tento fazer uma leitura da Eucaristia a partir desses grandes símbolos, dos quais as ciências humanas tanto

---

[1] *Exegese medieval* [*Exégèse médiévale*, t. IV, Paris, 1964, p. 149-181].

se ocuparam na segunda metade do século XX. De início, abordarei a questão da alimentação, procurando traçar uma progressão que irá do simples ato de comer à celebração de uma refeição festiva. A articulação desta reflexão sobre a alimentação com a aquela sobre a linguagem, que se lhe seguirá, justifica-se pelo fato de a refeição festiva, se é acompanhada por palavras alegres, muitas vezes termina com um discurso dirigido ao heroi dessa celebração. Tal discurso é o memorial de um passado do qual se quer ressuscitar as etapas frutuosas e os votos de uma longa vida, que gostaríamos que fosse eternidade. Em seguida, baseados nessas análises da alimentação e da linguagem, empreenderemos a análise daquilo que poderíamos chamar de discurso eucarístico: a quem se dirige? De que ele faz a memória e o que pretende? Quem o pronuncia? Como se relaciona com o alimento que é compartilhado a seguir? Poderemos voltar, então, aos elementos específicos da Eucaristia em relação a qualquer outra refeição festiva: o que ela rememora, a saber, a morte e a ressurreição de Jesus (nível de linguagem); o que ela dá de comer, a saber, o corpo e o sangue de Cristo (nível da alimentação); o que ela implementa, a saber, a comunidade cristã à espera de sua realização (aspecto da finalidade) e convidada ao amor universal como à união mística com seu Deus.

O resultado dessa investigação será evidentemente clássico, pois não há nada a ser inventado, mas o trará à luz por caminhos diferentes. A Eucaristia se revela como o lugar de comunhão com Deus, fundado sobre a memória de Jesus Cristo, na esperança da sua perfeição nos tempos escatológicos, mas já realizada na celebração simbólica. Mas, por isso mesmo, ela se manifesta como a plenitude simbólica da existência humana. Sua palavra é uma invocação permanente, que inclui uma expressão total seja sob o aspecto diacrônico: dizer o mundo; seja sob o aspecto sincrônico: dizer a história. Sua comida é a troca total de um alimento de imortalidade; a morte de que ela é testemunha é dom total de si e um apelo à vida. Nos três casos, há o amor, ou seja o duplo desejo que o Outro seja e que ele faça ser.

Havia duas maneiras de publicar este livro. A primeira, "científica"; a segunda, que foi a escolhida, "meditativa". Inicialmente, ele nasceu de um encontro, feito há pelo menos trinta anos, com o *"Ensaio sobre a Dádiva"*, de Marcel Mauss, cuja leitura me fez provar as reações descritas por Claude Levi-Strauss, e que eu gostaria de citar aqui: "Poucas pessoas conseguiram ler o 'Ensaio sobre a Dádiva' sem experimentar toda uma gama de emoções tão bem descritas por Malebranche ao evocar sua primeira leitura de Descartes: o coração acelerado, a cabeça fervendo e o espírito invadido por uma certeza ainda indefinível, mas imperiosa, de assistir a um evento decisivo da evolução científica."[2]

O "transe" em questão vinha decerto do conteúdo genial do *Ensaio*, especialmente da intuição de que esse livro era um instrumento para se entrar em uma meditação inédita e feliz, e talvez em uma prática renovada, da Eucaristia cristã. Então, engajei-me em uma investigação intelectual e cristamente orientada. O tema da troca que resulta da obra de Mauss poderia ser considerado uma espécie de chave de leitura do que se discutia em ciências humanas e filosofia na década de oitenta. De Levi-Strauss a Baudrillart, de Derrida a Lacan e Levinas, sem esquecermos de Paul Ricoeur, seja ao nível das coisas, dos homens, da liberdade e da linguagem, seja ao nível dos registos mais irredutivelmente diversos[3], positivistas ou espiritualistas, com desespero, fria lucidez ou esperança, continuava-se a interrogar sobre a estrutura, sobre os mecanismos e, eventualmente, sobre o sentido da simbólica como espaço de encontro ou de reciprocidade, sob o pano de fundo de um marxismo que não perdera ainda sua força. O rápido colapso deste último talvez tenha contribuído para manifestar certa falta

---

[2] O *Ensaio sobre a dádiva* [*L'Essai sur le don*] foi republicado em M. Mauss, *Sociologia e Antropologia* [*Sociologie et Anthropologie*, Paris, 1950, p. 143-279]. O texto citado Levi-Strauss é tirado da Introdução a este volume, p. 33.

[3] Demos o exemplo da comida. Podemos considerá-la do ponto de vista descritivo [Fischler, 1993], estrutural [Lévi-Strauss, 1970], psicanalítico [Châtelet, 1977], barroco [Camporesi, 1989], erótico [Pasini, 1995], estético [Onfray, 1995], simbólico [Bachelard, 1938]... Essas diferentes abordagens às vezes se sobrepõem, mas também há divergências irreconciliáveis. A mesma coisa poderia se dizer da linguagem, do sexo e da morte. Não se trata de retomar aqui, em profundidade, tais questões. O nosso método, portanto, deve ser eclético: por um lado, a teologia e a prática da Eucaristia irão orientar, de modo mais ou menos consciente, as escolhas a serem feitas em meio a essas florestas interpretativas; reciprocamente, este ou aquele dado da investigação científica esclarecerá algum aspecto do Mistério eucarístico.

de um referente real nessas investigações ainda apaixonantes e, na insistente recusa de toda a metafísica, apareceu então a era do vazio, o "pensiero debole", como também o retorno do sagrado e a investigação dita "espiritual".

Nesse intervalo, entretanto, a teologia cristã deixou-se instruir pela reflexão acerca da dom e da espessura humana que esta reflexão podia conter. Se a cultura contemporânea, por sua parte, aceitasse ouvir um pouco do que poderia lhe propor a tradição cristã da Aliança associada ao realismo da Criação, poder-se-ia se esboçar, sem dúvida, uma justa retomada do pensamento, da arte e do ritual. Penso aqui não apenas na contribuição teológica, mas cultural de uma proposta como a de Louis-Marie Chauvet, *Symbole et sacrement* [*Símbolo e Sacramento*], de 1986, ou ainda no trabalho perseverante do Instituto de Liturgia Pastoral de Pádua, com a contribuição recente, mas já notável, de Andrea Grillo e do seu ensaio *Teologia fondamentale e Liturgia* (1995) [*Teologia fundamental e Liturgia*], e os volumes que se seguiram. No ano 2000, Maurice Bellet publicou *La Chose la plus étrange. Manger la chair de Dieu et boire son sang* [*A coisa mais estranha. Comer a carne de Deus e beber seu sangue*].

Nas linhas precedentes, quis indicar o clima geral no qual procurei, ao longo desses anos, refletir sobre a Eucaristia e, sem negligenciar os caminhos mais tradicionais, atrair a atenção dos estudantes que me tinham sido confiados. No entanto, o presente livro é apenas um ensaio, muito breve, que eu gostaria de propor como um tipo de "teologia meditativa". Teologia, na medida em que o que escrevi resulta de longas confrontações com alguns autores que indiquei mais acima, cujas ideias eu poderia abordar em longas páginas de discussão com um denso aparato de notas. Meditativo, pois abri mão desse aparato a fim de oferecer uma reflexão que, em certas passagens, poderá parecer ingênua e mesmo infantil. A razão disso reside em que eu gostaria de convidar o leitor a verificar ele mesmo a humanidade da sua fé e da sua experiência sacramental e, reciprocamente, deixar emergir a cristandade latente dos gestos mais simples, como o de se alimentar ou de dirigir a palavra, quando tentamos chegar à raiz das exigências e das expectativas que elas implicam para todo ser humano. Não se trata, portanto, de um livro a ser lido com um método de leitura dinâmica; trata-se sobretudo de um convite a uma viagem em direção a si mesmo e os próprios símbolos, em direção também às comunidades por essa via simbólica, em direção as pessoas que procuram o sentido da vida, em direção a Deus que, ultimativamente, dá esse sentido.

## CAPÍTULO I
# COMER BEBER
## O alimento. Substância e símbolo

"Em certas características suas, o real é antes de tudo um alimento".[1] Essa célebre frase de Bachelard nos mostra, no momento em que começamos a falar de alimento, que esta é inseparavelmente substância e símbolo. Substância, se é verdade que é sobretudo o alimento que nos revela a consistência efetiva da realidade; falamos, nesse sentido, de "refeição substancial" e tal expressão evoca um volume, uma espessura, uma materialidade, que não são todo o alimento (e o real), mas sem os quais não há alimento (nem realidade). Símbolo, porque os contornos e a materialidade do alimento são imediatamente assumidos em uma rede de significados e de valores em que as transposições, as "metáforas", se produzem e se reproduzem em um jogo aparentemente interminável. Esta polaridade substância/ símbolo, que se manifesta principalmente no alimento, parece fundamental em todos os níveis de uma investigação sobre o ser humano e Bachelard, por sua vez, não desistiu de o fazer[2]. Tentarei começar este capítulo com o fato bruto da alimentação, a fim de valorizar o pólo substancial do alimento, que, em certa medida, governa, os símbolos e mesmo as palavras[3], a fim de resistir também a uma tentação bastante

---
[1] G. BACHELARD, *Formação do espírito científico* [*Formation de l'esprit scientifique*, Paris, 1938, p. 169]. Esta frase é retirada de um capítulo intitulado de modo significativo "O Mito da digestão".
[2] Para o asssunto que nos ocupa aqui, cf., por exemplo, em *A Terra e os devaneis do repouso* [*La Terre et les rêveries du repos*, Paris, 1947, os capítulos "O complexo de Jonas" p. 129-182 e "O vinho e a vinha dos alquimistas" p. 323-332].
[3] Podemos meditar a propósito as páginas sugestivas de C. LEVI-STRAUSS sobre a relação dos signos linguísticos com as coisas que eles designam, com o exemplo, tomado no campo

constante do espírito humano (e talvez mais ainda do espírito em sua função teológica) de esquecer sua referência à terra e perder o contato com o que todavia nutre constantemente as variações do imaginário e muitas vezes se encontra, por transposição, na conceitualidade mais delicada.

## Substância

Comer, beber, ações primordiais e reconhecimento inicial do mundo. Mesmo antes que seus olhos se abram e que suas pernas se endeireitem para caminhar sobre a Terra, a criança come ou, mais precisamente, bebe. Por seus primeiros gestos, firma o seu corpo que é terra e água, e o inscreve nos ciclos indefinidos dessas substâncias primeiras; antes de tomar qualquer distância, abre a boca e a cola ao seio que para ele é a primeira falha nutritiva da terra; avidamente, ela aspira para si aquilo que pode tomar do real e deixa seu corpo jogar para fora de si o que ele não assimilou. Rapidamente, desde o primeiro leite absorvido, mas também no final da vida, com o último suco de fruta custosamente ingerido, exercita-se não se interrompe uma consubstanciação entre a terra e o corpo, entre o corpo e a terra. Absolutamente nada se passa em nossas vidas, senão em contraponto a essa relação primordial e sempre ativa. O prazer encontra o local de sua experiência primária neste ritmo biológico segundo o qual se toma à terra e à água a sua substância para fazê-la própria e se devolve o que elas não se assimilou. A nutrição é o pressuposto vivente de toda existência; quando se torna difícil, seja por grave falta de alimento ou por defeito do ritmo de consumo ao qual estamos habituados, a fome suplanta qualquer outra necessidade e dirige a nossa atenção sobre a existência primária; então, qualquer pedaço de pão é consumido com uma atenção que confina a uma liturgia[4].

---

da alimentação, de duas palavras semelhantes, mas também opostas: "fromage" e "cheese". Cf. *Antropologia estrutural* [*Anthropologie structurale*, Paris, 1958, p. 103-108].

[4] SOLJENITSYNE, em *Um dia na vida de Ivan Denisovich* [*Une journée d'Ivan Denissovitch*, Oeuvres, t. II, Paris, 1982, p. 458, 475, 512] descreve repetidamente como maneira é feita uma "refeição" no campo de concentração onde vive o velho prisioneiro desdentado, Chukov.

## Introdução

Seria preciso entrar aqui, se fosse possível, na misteriosa distinção entre o sólido e o líquido, a qual dá lugar ao comer e ao beber. A terra é mais familiar e comer nos tranquiliza; a terra é o apoio dos nossos pés ou do nosso sentar; ela é objeto para as nossas mãos, matéria para o nosso trabalho, é, enfim, comestível para as nossas mandíbulas e substância para nossa alimentação. Por ser resistente, é possível pegá-la e domá-la pelo combate que lhe se reserva. A água é mais elementar; ela foge do nosso mãos sendo, como é, viva e corrente. Ou então está oculta: mais profunda que a terra e não se sabe onde estão seus lençois, mais alta que o céu, não se sabe fazê-la descer. Por se subtrair ou por submerge, ela é hostil; no entanto, é ainda mais desejável que a terra, sem dúvida por ser mais elementar: melhor ter fome que ter sede!

Mas a distinção entre sólido e líquido tem aspectos mais perturbadores. O sólido é o que preciso ser destruído para o absorver. É preciso mastigar, triturar, salientar assim uma destruição inicial: o vegetal foi colhido, arrancado da terra, o animal foi morto; as ações de cozimento, das quais falaremos ainda, também atacaram os víveres para torná-los comestíveis, antes de os dentes humanos realizassem a transformação final. Certas civilizações antigas tinham rituais para, de alguma maneira, pedirem perdão à terra ou ao animal pelo crime que se ia cometer. Inversamente, pensava-se que essa destruição permitisse uma comunicação. Se assimilamos o que comemos, somos também assimilados ao que comemos e um tipo de comunhão mística pode se estabelecer. O canibalismo encontra aqui a sua última justificação. À primeira vista, o líquido se mostra menos trágico: ele não é mastigado nem triturado; em nossa atividade voluntária, não o transformamos, mas o engolimos. E o que requer menos trabalho parece o mais necessário: beber é primordial, comer vem só depois e tudo deve ser mais ou menos liquefeito antes de ser deglutido.

Com estas observações, não estamos longe da Eucaristia. No Evangelho de São João, Jesus não evita insistir. Quando os seus ouvintes recuam diante da injunção de comer o seu corpo, ele reiterou seu propósito usando uma palavra mais concreta, "mastigar", e acrescenta o mandamento de beber o sangue. Não sei se o longo desuso de se comungar do cálice não esteja ligado, em parte, ao ressurgimento de horror sagrado diante à injunção a respeito de tal bebida. Em todo caso, no que concerne ao corpo, até pouco tempo ele era apresentado sob a forma de uma hóstia extremamente fina, que não deveria ser mastigada, como, aliás, não deveria ser tocada com as mãos. Deixado de lado o sague, e o corpo tendo sido desmaterializado ao máximo, liquefeito, o lado destrutivo do ato de comer foi pouco a pouco completamente apagado. "Tomai e comei", disse Jesus. Não se tomava mais e mal se comia. O sacramento propriamente dito estava reduzido a quase nada, em favor do conteúdo que estava quase separado dele. O ser humano em seu corpo era mantido o mais longe possível do mistério ao qual, todavia, estava convidado. Todo o realismo da Eucaristia, do período barroco que durou até os nossos dias, estava centrado não sobre o ato de comer, mas sobre a Presença real de Cristo naquilo que era comido. Uma espécie de realismo físico, tanto mais afirmado quanto mais era mantido à distância, dava lugar a considerações e prescrições sem correlação com a verdade do sacramento[5]. A última é: toda uma concepção da religião cristã penetrava nos fiéis sem o dizer, como, vice-versa, conviria destacar de que maneira somos tocados pela Eucaristia, uma vez que agora nós mastigamos o Corpo e bebemos o Sangue: impõe-se, portanto, uma reeducação litúrgica, e esta apenas começou.

### Voluntário e involuntário na alimentação.

A relação com o alimento não se fecha com as ações que nos permitem toma-lo. Há também a digestão; esta permanece praticamente de fora do ato voluntário e, se tudo correr bem, também da consciência. O lado mais interior e mais vivo da nutrição, aquele pelo qual se realiza a unidade entre o alimento e o ser humano, se processa fora do alcance do poder da faculdade nutritiva; a forma passiva do verbo nutrir se impõe aqui e se descobre, prestando-se atenção, que o ser humano, como todo animal, é um ponto de passagem nos ritmos da matéria vivente, sobre a qual, em realidade, ele não tem domínio. A evacuação daquilo que não foi assimilado, se é consciente e pode constituir

---

[5] Um florilégio de textos a respeito foi reunido por P. CAMPORESI em *O Inferno e o fantasma da hóstia* [*L'Enfer et le fantasme de l'hostie*, trad. francesa, Paris, 1989, p. 154-228].

um pólo simbólico inverso, também escapa à vontade enquanto que as suas eventuais vicissitudes deixam entrever misteriosas resistências para ser verdadeiramente humanos[6]. Paradoxalmente, esse lado involuntário da nutrição, que evidencia o pólo substancial da alimentação, aponta então em direção aos últimos mistérios do ser humano e do cosmos. Disse Paul Ricoeur: "Em certo nível de minha existência, sou um problema resolvido por uma sabedoria mais sábia que eu mesmo". Sabedoria mais sábia, porque a atividade que se processa assim "por si só", produz, na ordem mesma do corpo, aquilo que não posso fazer por mim mesmo com a minha vontade, com meu cérebro e com as minhas mãos[7]." Ou ainda: "A vida edifica a vida, a vontade só pode construir coisas; o espetáculo da vida sempre humilha a vontade[8]." Mais que ser humilhado por esse espetáculo da vida, seria melhor decifrar-lhe o sinal e maravilhar-se. Este poderia ser o momento de tentar reconhecer, na vida que não produzimos, o traço de uma Presença, e perceber que o "biológico" pode ser um lugar de manifestação do "transcendente". O consentimento dado a uma Sabedoria superior, que atua no íntimo do nosso corpo, permite-nos paradoxalmente que nos reconheçamos em nossa consciência e em nossa liberdade. A vida nos é doada, e a mescla de liberdade e de involuntário no exercício das funções corporais é como um convite a nos abandonarmos, também lá onde somos

---

[6] Menciono discretamente a defecação, que é uma realidade física que pertence ao ritmo normal da alimentação, e o simbolismo anal que lhe está relacionado. Embora o assunto não deva ser omitido [o Evangelho o faz, também, em Mc 7, 14-23], contudo não devemos nos centrar nele a análise da alimentação e dar-lhe mais importância que à oralidade e seu simbolismo. Neste sentido, uma obra como a de N. Châtelet não deixa de ser desagradável. É necessário, sem dúvida, superar uma avaliação que poderíamos chamar de "romântica" da alimentação, e, neste sentido, as análises *O corpo a corpo culinário* [*Corps à corps culinaire*, Paris, 1977], operam uma desmistificação necessária, mas não é de todo justo insistir sobre a componente sádica; cairíamos, assim, em *A Vida ao inverso* [*La vie à l'envers*], apenas para retomar o título de uma novela do autor em *Histórias de boca* [*Histoires de bouche*, Paris, 1986; na edição "Folio", p. 31-36].
[7] P. Ricoeur, *Filosofia da vontade* [*Philosophie de la volonté*. I. *O voluntário e o involuntário*, Paris, nd [1967], p. 392-394]: "Minha vida como tarefa e como problema resolvido." No entanto, em nome polaridade substância-símbolo, que se podem distinguir mas não separar os termos, eu discutiria com vivacidade o "hiatus" entre mundo dos corpos e a região da consciência, afirmada a seguir [p. 396], em detrimento da própria possibilidade de uma ontologia.
[8] Ibid., p. 393.

senhores dos próprios movimentos, à Sabedoria superior que rege o mundo e esse nosso corpo que está inserido nos ritmos do cosmos. Destarte, a imagem alimentar pode se tornar o símbolo das relações mais estreitas com Deus, aquelas em que ele toma e mantém a iniciativa. Se, pois, se trata do sacramento eucarístico, o fato de que as espécies consagradas seguem o mesmo caminho que todo o alimento é em si mesmo o símbolo de uma transformação de certo modo invertida: Trata-se de fato da total transformação operada pelo fenômeno da alimentação, mas é o fiel que é transformado naquilo que recebe e não o contrário. Ele se torna realmente, juntamente com todos os que recebem, o Corpo de Cristo.

### Alimentação e linguagem.

Chegamos assim muito rapidamente (ou, antes, sempre estivemos aí) ao pólo simbólico da alimentação. Nossa línguagem, cuja origem muitas vezes esquecemos, nos conduz à memória da terra, da água e dos alimentos. A experiência primeira do comer e do beber modela o conteúdo das primeiras palavras e das primeiras frases; é ela, em suma, que libera a expressão do desejo e é a ela, conjugando todos os desenvolvimentos culturais, apostando com os dois outros extratos primordiais do sexo e da morte. Somos de tal forma carne vivente que a linguagem da carne parece apta a dizer tudo bem como sugerir o que não consegue se dizer. Assim, falaremos, para além dos alimentos terrestres, daqueles do espírito e da cultura, para pressentir neste Além uma "bebida de imortalidade e uma festa (banquete) sem fim. " Falaremos também de "morder a vida, de estarmos com fome de amizade, de digerir uma desaforo, de engolir a própria raiva, de ruminar uma ideia, devorar com os olhos..." e aqui só dou exemplos da linguagem cotidiana; seria preciso evocar também a gíria, que deixa aflorar tão espontaneamente esses símbolos essenciais[9], ou a linguagem mística, que o transpõe ao infinito, mas sem o desenraizar.

---

[9] O jargão fala da conexão de símbolos: a linguagem da alimentação exprime as relações sexuais, porque nestas também, e mais do que na comida, visa-se a uma troca de corpos que pretende prosseguir ao infinito. Poderíamos refletir sobre o real alcance de expressões tão comuns como "comer beijos."

Introdução

## Os Alimentos Culturais
### Alimento e palavra

A terra comestível, a água potável respondem ao ser humano o que é fome, sede, apetite, e seu jogo instaura uma real consubstanciação entre o mundo e o ser humano, infensa a toda a distância, embora provoque ao mesmo tempo toda uma rede distanciada de metáforas e de significados. Mas há uma outra distância, igualmente fundamental, aquela que, resultando da interação entre pedido e dom, situa imediatamente a alimentação substancial no mundo da cultura. Em sua pequenez, o ser humano, ao contrário dos animais, não pode se aproximar do seio que lhe será instintivamente oferecido. A mãe o toma, dizendo, talvez, palavras de ternura e, se o intervalo entre duas mamadas fosse muito grande, a criança gritaria, isto é, falaria e pediria do seu jeito que conseguem fazer. A cultura é absolutamente contemporânea à natureza (e deste ponto de vista, há coexistência de substância e símbolo) e o ser humano nunca conheceu um momento de pura animalidade[10]. A boca que come aprende, de alguma maneira, a se inserir entre a boca que pede e a orelha que escuta, e, um pouco mais tarde na vida da criança, ela aprenderá o papel da mão. É desde o nascimento (observe a proximidade das palavras "nascimento" e "natura") que o incesto é proibido e a alimentação é medida, ou seja, distribuída dentro dos limites de certa legalidade, por tênua que esta possa ser. A relação do ser humano com o mundo não está fechada na circularidade dos elementos e da mobilidade da matéria; ela está inscrita na palavra trocada, enquanto que, reciprocamente, nenhuma palavra está completamente desligada de algum fundamento substancial, pois, por sublimes que possam ser as trocas, elas sempre envolvem, mais ou menos diretamente, os corpos.

---

[10] O binômio natureza/cultura é, talvez, um mistério fundador que nunca será totalmente explicado e cujos termos não podem ser isolados. Ao falar de realidades, complexas em seus elementos, mas unificadas desde a origem, a escolástica falou de "distinção real". Aqui, estamos tratando de algo semelhante a essa noção. Cf. verbete "natureza e cultura" em *Encyclopaedia Universalis*, 16, 1995, p. 39-43 [F. ARMENGAUD]. Propus algumas reflexões sobre o tema em *Deus, o Tempo e Ser* [*Dieu, le Temps et l'Être*, Paris, 1986, p. 123 s., p. 344ss].

Mas talvez seja este o lugar de marcar um primeiro pólo religioso da alimentação. Esta pode se dizer "sagrada" na medida em que o ser humano, que precisa dela, não a criou e, portanto, sempre a recebe, mesmo quando, como veremos em breve, ele a produz. O alimento é "tomado" à terra, que é fecunda; de alguma maneira, nós o pedimos, diretamente, à terra como se fosse uma espécie de divindade primitiva, ou o pedimos aos deuses que têm poder sobre a terra e sobre a água, ou seja, ao próprio alimento enquanto é algo vivo e está para morrer, com certa ideia de reparação pelo dano que irá sofrer. Sob este ponto de vista, a alimentação e o sacrifício não são duas realidades separadas, posto que é preciso matar para comer, o que implica, de uma forma ou de outra, a necessidade de compensar por esse "assassínio". Isso é tanto mais verdadeiro quando a morte é efetiva ou quando o papel do ser humano, transformador e assim, em certo sentido, destruidor, é maior, como também pelo uso do fogo na cozinha, também ele próximo ao sacrifício. Estes dados são orquestrados de muitas maneiras, de modo que, finalmente, a cozinha e o sacrifício, a cidade política e o mundo dos deuses estão conjuntamente implicados e de maneira bem articulada[11].

### Os ritmos da alimentação. Jejum e bulimia.

Portanto, há um problema de verdade e de ritmos na alimentação, e cabe-nos resolvê-lo. Tentaremos analisar brevemente as diversas facetas deste problema, mas é licito dizer aqui, a título de introdução à nossa análise, que Jesus e sua Mãe foram provavelmente os únicos que realizaram com justeza esta operação, tão difícil porque tão simples, de comer com moderação; as refeições tomadas com Cristo dia a dia tiveram sem dúvida uma parte importante na educação dos discípulos; se é verdade que "nunca alguém falou como este homem", talvez "nunca alguém comeu como este homem. " No entanto, se é verdade Jesus comeu e bebeu (e que os Fariseus tivessem feito o mesmo, em vez

---

[11] Cf. M. Détienne, "Práticas culinárias de espírito de sacrifício" ["Pratiques culinaires et esprit de sacrifice"] In: M. Détienne e J.-P. Vernant, *A cozinha do sacrifício em terra grega* [*La Cuisine du sacrifice en pays grec*, Paris, 1979, p. 7-35].

de culpá-lo!), também é verdade que jejuou algumas vezes, e severamente. O jejum indica a nossa distância em relação ao mundo que nos alimenta e corrige a tendência a que consideremos como algo da nossa mera competência o que deveria sempre ser considerado como pedido e doado. O jejum indica, portanto, algumas dimensões essenciais da alimentação: a dos outros, porque o ser humano raramente come sozinho e, quando há penúria, ele partilha; a que de si mesmo, não só boca, mas orelhas e mãos; aquela daquilo que, para além dos elementos e dos humanos, atrai o seu desejo; o jejum, aqui, ativa a dimensão simbólica do alimento, sem destruir sua consistência efetiva. Por isso o jejum é essencial ao ser humano, e essa razão é também difícil de encontrar para ele o ritmo justo: trata-se de fato de significar todas as dimensões do desejo, mas não de instigar este último contra o corpo, recusando a condição humana (para se tornar um deus?), ou de recusar o ser, rejeitando a consubstanciação primitiva... No jardim do Éden, Deus nos entregou todas as árvores, não somente as que "belas de se ver", mas "boas de comer"; entretanto, a propósito de uma delas, ele tinha dito também "desta tu não comerás". Alimento e jejum seriam, assim, como os dois pólos de uma justa relação com os alimentos[12].

Essa polaridade é frágil e tudo a ameaça, especialmente o que chamamos gula; esta talvez nada mais é que o inverso de um jejum mal compreendido: em vez de se apoiar sobre a distância cultural e simbólica, apoia-se temerosamente sobre a substância. A sensação de participação necessária à materialidade do mundo é muito viva e o medo de perdê-la é muito grande; a gula manifesta a insegurança e desenvolve um desejo animal de subsistência, que se afirma, meio sem jeito, no registro absolutamente primário da ação de comer (ou beber). Correlativamente, a gula, o alcoolismo podem proceder da privação de relações simbólicas e culturais justas em outros domínios, nos quais, de resto, o corpo está implicado; frustrado nos símbolos e nas trocas, imerge-se sem medida no alimento. No entanto, quando se trata de apreciar o prazer de comer e da qualidade de alimentos, seja simples-

---

[12] Uma excelente síntese sobre o jejum está em C. BENI: "Jejum e oralidade. Aspectos do jejum ortodoxo" ["Jeûne et oralité. Aspects psychologiques du jeûne orthodoxe", *Contacts* 37 [1985], p. 163-229].

mente aquela, cada vez mais raro hoje em dia, de um verdadeiro pedaço de pão, não há mais gula, mas a humanidade: em nome de que não se renunciaria ao humano e não se provaria mais o que é bom e é oferecido? O vinho que Jesus doou em Caná não foi o melhor que jamais se bebeu? O Evangelho nos dá a entender, contudo, que os convidados já tinham atingido o limite da embriaguês quando Cristo lhes deu o seu vinho. Convite admirável ao prazer de viver, mesmo um pouco demais... Anorexia mental e bulimia, jejum e calor do banquete! Tudo é questão dos limites a serem ultrapassados ou respeitados, de discernimento concreto da nossa parte, em comunidade ou a sós, das condições reais, feitas de dependência e de domínio.

## Produção, Cozinha, Consumo

### Produzir

#### O ser humano e seu corpo perante à comida.

O ser humano come; come de tudo e não está espontaneamente limitado a uma categoria de alimentos, de origem vegetal ou animal. No entanto, não come nada que, na maioria das ocasiões, não tenha sido produzido e preparado por ele: o alimento não existe separado do trabalho. Além disso, na produção como na alimentação, ninguém está só: tudo é feito espontaneamente com os outros; a comida é algo social.

Marx lembrava: "Os homens começam a se distinguir dos animais no momento em que começam a produzir os seus meios de subsistência, um passo adiante que é a conquência mesma de sua organização material[13]." Sem dúvida, a nossa meditação nos levará, muito rapidamente, a tomar distância de Marx, pois o "produzir", que efetivamente é consequência da organização material humana, parece superar a materialidade, da qual, em certo sentido, procede. No entanto, antes de tomar distância, convém reconhecer a justeza da intuição e a verdade da fórmula, para não cair em um idealismo sedutor, mas fácil. A organização humana é, em certo sentido, tão nova em relação ao que a precede imediatamente, que ela libera forças irre-

---
[13] Feuerbach, *A Ideologia alemã* [*L'Idéologie allemande*, Paris, 1972, p. 43].

dutíveis a tudo o que até então tinha se manifestado. O ser humano, com efeito, produz porque está de pé: suas mãos não são necessárias à sua mobilidade. Nem de quatro pés, nem de quatro mãos, ele se basta com suas pernas para manter-se sobre o solo e mover-se; os braços e as mãos estão completamente livres para fazer outra coisa, um verdadeiro trabalho: recolher, cultivar, transformar. A cultura, em seu sentido primeiro e original de agricultura, procede da liberdade manual, sendo, enquanto tal, consequência da posição ereta. Mas a cultura também procede da boca e da língua, e pelas mesmas razões pelas quais procede das mãos. Pois os membros anteriores e o rosto estão liberados, juntos, pela posição ereta. Não é preciso usar a boca para arranar os alimentos da terra: estes são servidos pelas mãos que, talvez, também os preparem para uma mastigação mais ágil. A boca e língua estão assim liberados para a palavra, que é para o grito dos animais aquilo que a técnica humana (mesmo a mais simples) é para o gesto (limitado em seu poder e na sua educação) da pata animal ou da mão do macaco. Técnica e palavra nascem juntas, sem dúvida porque estão orientadas a se desenvolverem juntas, derivando da única configuração física do ser humano ereto. Além disso, ao mesmo tempo em que a mão se liberta e onde a boca se torna autônoma, a capacidade cerecerebral e a massa nervosa atingem o seu mais alto padrão, como se os impulsos vitais deste organismo único que é o corpo humano estivesse, desde o início, à altura exigida para ser exercido harmoniosamente[14].

## Caminhos da antropologia

O "passo adiante" de que fala Marx provém de uma transformação material de ser humano, quando comparado aos outros animais. Mas se a transformação resulta, em um sentido, de movimento contínuo – esse prodigioso movimento de libertação do vivente em relação ao seu meio, dos peixes totalmente englobados pelo líquido que sustenta seu corpo até o ser humano em pé sobre a ter-

---

[14] Retomo aqui os dados da antropologia desenvolvidos por A. LEROI-GOURHAN em seu admirável livro *O Gesto e a Palavra* [*Le Geste et la Parole*, 2 vol, Paris, 1965]. Tratei dessa obra em *Deus, o Tempo e o Ser* (opus cit).

ra – conduz, no entanto, a um novo regime: todo esse trabalho de "elevação" parece, em certo sentido, terminado, posto que a vertical é alcançada, e ela desemboca em operações que, tanto ao nível do cérebro quanto àquele da boca, da língua e da mão, são inéditos e não podem ser reduzidos às pálidas prefigurações que podemos ver no reino animal.

De fato, na medida em que se opõe ao instinto predador, a capacidade de produzir supõe certo afastamento em relação ao que se produziu: afastamento em relação ao corpo para avaliar suas necessidades; afastamento em relação à matéria cósmica, receptáculo de subsistências, para saber como estas devem ser produzidas. Porque estamos em pé, podemos ajustar nossa relação com a terra e, portanto, refletir sobre ela e programá-la. Por isso, temos consciência não só do fato que produzimos, mas também de nossa capacidade de adaptação, invenção, conhecimento; essa novidade, que, por um lado, é consequência da organização material, é-nos, por outro lado, irredutível a esta, uma vez que faz dela objeto de reflexão e comanda o trabalho. Se nos colocarmos mais adiante, não do ponto de vista da produção, mas no do consumo, vemos bem que esta também não se limita à alimentação, por primordial que seja ela. O ser humano distingue em si outras aspirações e corpo nutrido aspira a outra coisa: todos os percuros da cultura lançam aqui a sua raiz.

Assim, a "organização material" humana abre, de per si, um espaço que não pode ser reduzido ao "material"; no preciso momento em que tomamos consciência disso, surge também o problema humano. Há "problema" porque percebemos que somos um corpo, mas pelo fato de o sabermos, reconhecemos que não somos apenas corpo. O único meio de evitar então um dualismo (falando de "superestruturas" completamente extrínsecas) é reconhecer uma distância interior ao próprio ser humano e avaliar constantemente os pólos sem separá-los ou confundi-los[15].

---

[15] A sentença "sem separar nem confundir" é tomada do concílio de Calcedônia, aplicando-a às duas naturezas de Cristo [DS. 302]. Na realidade, ele me parece ser, a um só tempo, um princípio heurístico e hermenêutico que atua em todos os domínios do conhecimento humano e ajuda a mantê-lo em uma posição equidistante entre a pretensão e a demissão.

Introdução

## Pólos da antropologia

Estas breves observações nos fornecem um plano de leitura para nos posicionarmos na diversidade dos humanismos. Poder-se-ia dizer que é possível tomar o ser humano "em função de uma de seus três finalidades": a mão, e isso indica uma relação à matéria e uma referência técnica em certo sendido insuperável; a boca, e esta nos remete ao ser humano como ser dotado de linguagem e de comunicação; o cérebro, que coloca sempre em imagem, memória e pensamento, os materiais que lhe advêm da experiência concreta, orientando, por sua vez, tal experiência pelos símbolos e instruções que ele lhe fornece, e isso nos remete ao ser humano como ser de significado. No entanto, se é inevitável "começar por uma parte", o perigo dessa opção talvez venha de se reduzir ou condenar o que vem das outras partes: o "caniço que pensa" (Pascal, *Pensamentos*, 200) não quer mais se lembrar que é caniço, nem honrar nele o que não é pensamento; os "lógicos", seres da linguagem e da política, desprezam o artesão, o metafísico e o artista; os "manuais" sempre suspeitam das "superestruturas", embora inevitáveis e essencialmente enraizadas neles. Essas atitudes, tão espontâneas quanto o fato de que não somos totalmente reconciliados com nós mesmos, expressam-se prontamente por palavras terminadas em "-ismo" que traduzem o seu caráter ideológico, embora falte-lhes a verdade do ser humano. Esta verdade, aliás, realiza muito mais do ela que diz, pois a harmonização de uma diversidade como a nossa é um processo a longo prazo. O essencial é reconhecer ques, seja qual for o pólo do qual se aborda o problema humano, ele é intrinsecamente afetado pelos outros dois elementos.

Assim, pois, se o ser humano come, nada lhe chega à sua boca que não seja fruto de seu poder e de sua imaginação técnica, mas também de sua sensibilidade estética, nada que não traga em si a marca da situação social de que a linguagem é instrumento. Reciprocamente, o alimento que ele come é, sob todo aspecto, simbólico e expressa bem além da mera satisfação de um apetite exacerbado: "Dize-me o que comes e te direi quem és. " E se há no ser humano um desejo que se alçaria acima da mão e da boca, por que o alimento, à sua maneira, não significaria e não pertenciaria, também ele, ao simbolismo religioso? Uma vez mais, é em sua relação à tripla funcionalidade humana (cérebro, boca e mão), que a atividade humana e todos os seus objetos revelam seu verdadeiro alcance.

## Preparar

### Cozinha

A capacidade técnica intervém desde os procedimentos mais simples, como o da colheita. Deste este nível, verifica-se certa preparação: até mesmo os "verduras cruas" não são consumidas sem terem sido limpos e cortados. Evidentemente atravessa-se um limiar qualitativo quando a preparação põe em ação os "quatro elementos" e permite ao ser humano experimentar seu poder, especialmente no que diz respeito ao fogo e à água. Mais acima, fiz alusão ao valor religioso e sagrado, eventualmente prometaico, da preparação dos alimentos. Seria preciso agora que nos reportássemos às análises precisas e difíceis de Levi-Strauss em "o cru e o cozido", o "assado" em que o alimento é posto em relação direta com o fogo, o "cozido" onde a água é mediadora entre o fogo e o alimento e exige, por sua vez, para ser utilizada, a mediação do recipiente, que também é obra da técnica humana: a invenção de meios técnicos caminha junto com a sua simbolização[16]. No momento, basta observar que, mediante esta atividade simultaneamente técnica e sagrada, o comestível natural torna-se um comestível cultural. A substância em causa é organizada para atender ao gosto do ser humano, à sua eventual necessidade, para expressar seu poder ou significar a sua dependência em relação às próprias forças que utiliza. Assim, não é apenas o alimento que nutre, mas, enquanto é preparado, ele manifesta experimentalmente a sua humanidade. A cozinha nos aparece assim como uma mediação ativa entre o ser humano e a natureza. Antes que o processo de humanização seja totalmente realizado pela absorção (e pela destruição) do alimento, há uma preparação feita de invenção e de docilidade ao mesmo tempo. A cozinha é uma busca de conveniência provamos várias maneiras de lidar com o real, confron-

---

[16] *Mitológicas*, I. *O cru e o cozido* [*Mythologiques*, I. *Le Cru et le Cuit*, Paris, 1964].

tando-as constantemente com nossa reação pessoal e com aquela de nosso grupo, mas também com as possibilidades que nos são oferecidas e com as resistências que o real nos opõe que pretendemos manipular. Ora, o que vale para o nível dos produtos da terra, estende-se a todas as dimensões da existência humana; a cultura é o conjunto destes processos de invenção e de adaptação, transmitidos e enriquecidos ou, ao contrário, esquecidos e enfraquecidos ao longo do tempo, em que cada um pode significar e simbolizar os demais.

### Divisão do trabalho

A produção e a preparação manifestam também a sua dimensão social. Ao considerar as civilizações ditas primitivas, operando em escala reduzida de uma pequena comunidade confinada em uma território de limites quase intransponíveis, vê-se que uns fornecem o alimento, "produzem-no" (pela busca, pesca, caça, ou obtendo para si os meios de os obter graças a trocas elementares), enquanto outros ocupam-se de recolhê-lo e a prepará-lo. Encontramos na comunidade tarefas preferenciais atrribuídas a um grupo ou outro, um sexo ou outro, mesmo se a divisão de tarefas varia consideravelmente entre as civilizações. Tenho a impressão de que, ao se analisarem os modos concretos de divisão de trabalho ao longo das épocas, será preciso reconhecer que esta se baseia, em última análise, em raízes biológicas. A primeira divisão de trabalho dá-se entre os sexos, como o observa Leroi-Gourhan "O crescimento muito lento da criança torna as mulheres naturalmente menos móveis e, em base à sua dupla alimentação, não havia para o grupo primitivo nenhuma outra solução orgânica que a da caça masculina e a da colheita feminina[17]". Podemos nos perguntar se a cultura aqui não consiste em intervir sobre a natureza de tal maneira que, sem anular a distinção entre os sexos, esta não dê lugar a uma segregação tal que o papel de cada um é exclusivamente definido por sua maior ou menor mobilidade. A outra divisão do trabalho vem sem dúvida do nível em que se exercem as atividades de cada um: a mesma pessoa não pode desenvolver do mesmo modo

---

[17] *O Gesto e a Palavra* I. *Técnica e Linguagem* [*Le Geste et la Parole*, I. *Technique et langage*, p. 215].

o seu cérebro, a sua boca e a sua mão; o que desenvolve define não somente sua capacidade produtiva, mas também sua orientação cultural, suas pertenças, seu simbolismo. Talvez seja inevitável que esta especialização produza antagonismos dentro dos grupos; talvez as raízes da "questão social" encontrem-se aqui. Não seria preciso, porém, constituir uma hierarquia estática, nos moldes de Platão, onde filósofo que pensa (cérebro) domina o político que fala (boca) 29 que por sua vez escravizaria o ser humano [dos campos, das fábricas] que trabalha, a menos que se apresente uma das variantes da teoria das três ordens, estudada sob todos os seus ângulos por H. Dumézil. O problema seria o de encontrar instituições que reconheçam efetivamente a igualdade de princípio das diversas funções, uma vez que são todas funções humanas, e promovem a comunicação entre os grupos que as exercem.

## A colaboração e o serviço de todos

Voltemos ao nosso assunto. A extensão das relações interumanas faz com que, hoje, a produção e a preparação da menor coisa exija, muitas vezes, a concurso de trabalhadores da terra inteira; para nos convencermos disso, bastaria, por exemplo, prestar atenção à origem geográfica dos alimentos que consumimos em uma só refeição, observando a sua "embalagem de origem", a palavra "origem" significa não apenas a terra que deu o produto, mas também as pessoas que trabalharam e produziram, e aquelas que, como se diz hoje, as "acondicionaram[18]". Por gigantescas que tenham se tornado as dimensões, por egoístas que possam ser e sejam de fato as suas estruturas e organizações, o trabalho humano, hoje como ontem, continua atravessado por uma intenção coletiva fundamental: a de "conseguir víveres", e portanto a vida, ao conjunto dos seres humanos, dentro de sociedades diferenciadas; essa intenção está presente no menor pedaço de pão que comemos. O drama insuportável é que a repartição desses víveres é de todo desigual; vai-se contra a própria condição humana, em sua rea-

---

[18] Um filme em preto e branco, lançado em 1980, retraça, como o título indica — a *Gênese de uma refeição* -, um ovo, uma banana e um pedaço de atum. Até chegar à mesa, essa refeição pôs em colaboração lugares e pessoas espalhadas por todo o planeta e valeu-se de configurações sociais muitas vezes dolorosas.

lidade biológica, técnica e social, direcionando a maior parte dos alimentos a minoria. Que revolução seria preciso para mudar este estado de coisas? Seja como for, não podemos escamotear o sinal da responsabilidade, invisivelmente marcado no alimento que nos vem da terra e do trabalho humano. Se os seres humanos "Os homens começam a se distinguir dos animais no momento em que começaram a produzir os seus meios de subsistência", a sua comida é, desde o origem, ética.

### Sensibilidade estética

Ela é também estética. De onde procede o fato que nós não comemos nada que não se apresente com certa preparação? É preciso que a fome seja realmente intensa, bruta, para que nós não demos atenção à qualidade dos alimentos e do simbolismo do quadro[19]. O termo "apetitoso" não se refere imediatamente ao sentido do paladar, mas ao do olfato e da visão; é a preparação e apresentação que estimulam o desejo de comer. Em última análise, não haveria lá algo de estranho: os olhos excitam a boca, mas imediatamente a mão destroi o que os olhos viram a fim de que a boca possa se alimentar. No entanto, se os olhos não tivessem visto nada cuja beleza lhes satisfaça, se o olfato não tivesse percebido algum aroma ou buquê, a boca, talvez, tivesse recusado se abrir. Isto significa simplesmente que são os seres humanos que se alimentam e que a refeição, enquanto alimento, inscreve-se em um amplo intercâmbio entre o ser humano e a natureza, entre os próprios humanos, uma troca em que a beleza é a rainha. E no caso de nossas Eucaristias, por que deveríamos celebrá-las como se fossem um lanche durante o trabalho e não a refeição da noite (ceia) em que, concluída a jornada, nos refaremos a vida com o rito simples e belo que nos permite sermos humanos?

A sensibilidade estética, de per si, é algo social; o gosto, em matéria de cozinha e de apresentação, depende em grande parte de uma

---

[19] Podemos opor aqui a miséria estética no mundo dos desnutridos italianos dos séculos passados — descrito por P. CAMPORESI "O pão e a morte" em *A terra e a lua. Alimentação, folclore, sociedade* [*La Terre et la Lune. Alimentation, folklore, société*, trad. francesa, Paris, 1993, p. 9-48] — à refeição futurista de Santopalato em Milão, descrito por ONFRAY em *A razão gulosa* [*La Raison gourmande*, Paris, 1995,p. 214-224].

educação. Há uma tradição de "usos" como de "receitas". Mesmo ao nível da alimentação, neste primeiro nível, talvez, nascemos em uma cultura. Assim como a garganta assume inflexões particulares para a linguagem (enquanto que a criança é, em princípio, capaz de qualquer "sotaques" e todos os "tons") assim também o palato recebe uma orientação seletiva na apreciação dos alimentos, o qual insere a cultura no cerne das reações fundamentais do organismo em relação à comida. Que europeu, ao partir para a Ásia ou a África, não esteve um pouco apreensivo a respeito da comida que o espera? Reprovou-se a F.A.O. por pensar o problema da nutrição humana baseando-se na dieta de um norte-americano médio da Costa Leste daquele País; não se pode raciocinar apenas em termos de calorias, é preciso pensar também em termos de humanidade, e de humanidade diversificada. Os norte-americanos, aliás, são os primeiros a saber, quando se trata de si mesmos: o número de restaurantes estrangeiros ou exóticos em grandes cidades o atestam; estes restaurantes lhes permitem encontrar as comidas de seus pais que emigraram para o Novo Mundo; Mais simplesmente eles mantêm uma brecha necessária na neutralidade insípida das cafeterias, que poderiam muito bem ser o símbolo de uma humanidade a ponto de se perder. Para comunicar, na concreteza de certo ambiente e de certa cozinha, à infinita diversidade de estilos humanos, opera-se um nivelamento ainda mais perigoso na medida em que nos atinge em nossas funções primárias.

## Comunidade

A comida é preparada em comum e também é consumida em comum. Não se trata, na cozinha, de uma associação artificial de técnicos a serviço de uma distribuição entre indivíduos, mas de uma comunidade que é ao mesmo tempo de trabalho e de vida, de preparo e de consumo. É preciso esperar uma situação de hipercivilização, que comporta seja uma promoção seja uma atomização dos indivíduos, para ver nascer as cantinas e os *self-service*: organização anônima de trabalho, cuja qualidade e quantidade são determinadas pelo número e pela tipo de indivíduos isolados que recorrerão a seus serviços, sem comunicação alguma entre eles (a menos que, como veremos mais adiante, o único fato de tomar uma refeição no mesmo lugar e numa estreita proximidade não seja ocasião de uma comunidade efêmera). E talvez um dos sinais da deterioração de uma civilização poderia ser o de que cada vez mais se fazem refeições em casa como se fosse na cantina do seu local de trabalho. Seja como for, o lugar normal da refeição (e, para a maioria das pessoas, o lugar real, ao menos uma vez por dia). é a família ou qualquer outra comunidade de vida, a *communitas vitae* gera e supõe, sempre, a *communitas victus*. O ponto de vista importante é que a refeição consiste em partilhar o alimento comum e não tomar juntos uma alimento individual, ainda que a distribuição seja equitativa entre todos as pessoas.

A importância da comunidade para a refeição, e inversamente a da refeição para a comunidade, verifica-se por numerosos sinais. Levi-Strauss chamou a atenção para a dolorosa situação do solitário em uma sociedade primitiva, que arriscava morrer de fome após ter vivido na abjeção[20]; e nós sabemos que, nas chamadas sociedades ditas avançadas, a pessoa que vive só faz certo esforço para se alimentar, para comer bem e manter, nas refeições, uma ordem digna "como se houvesse alguém presente". Do mesmo modo, seria preciso ser muito superficial para espantar-se com a ênfase dada não só à alimentação (e aos jejuns), mas também às refeições nas antigas regras monásticas. Ser excluído da mesa das refeições comuns e comer "sozinho e à parte" era considerado uma punição severa; inversamente isolar-se da refeição ou chegar atrasado é considerado uma falta grave[21]. Como se a verdade da alimentação não pudesse ser desligada da comunidade humana ou do ritual que ela se dá[22].

Aos poucos, vemos emergir uma espécie de inversão na nossa maneira de considerar a alimentação. Partíramos do apetite individual e da comida que satisfaz a fome de cada um; agora, parece que não existe, exceto no limite e em circunstâncias ou condições excepcio-

---

[20] *As Estruturas elementares do parentesco* [*Les Structures élémentaires de la parenté*, Haia, 1967, p. 46].
[21] *Regra de São Bento*, cap. 24 e 44.
[22] Seria o caso de falar também da roupa. Vestimo-nos melhor se somos convidados para um jantar, uma recepção, e pode ser oportuno ajeitar um pouco a própria roupa antes de uma refeição tomada em comum.

nais, a alimentação individual. O pessoal inscreve-se no social. Isto nada mais faz que generalizar um fato que se verifica desde o início da nossa existência, uma vez que o primeiro alimento já está situado dentro de uma relação social orgânica: a mãe amamenta a criança e a criança conhece a mãe de quem se amamenta. Um relação social inclui a relação biológica, provavelmente esse esquema não perderá jamais, em qualquer nível da sociedade que se possa situar. Daí se segue, talvez, que a análise da refeição nos fornece um lugar no qual e do qual podemos apreciar a tensão pessoa / comunidade. Se nutrir-se é concretamente tomar parte em um alimento trazido, preparado e apresentado em comum, isso é assim por que o ser humano compreende a si mesmo como sujeito e pessoa dentro de uma comunidade; o que nele é individual e intransmissível está simultaneamente associado. Compreender a si mesmo é também compreender-se, senão desde o início, ao menos ao mesmo tempo, como membro de uma comunidade, engajado passiva e ativamente em relação a ela.

## Convidar o estrangeiro

Se a análise da refeição como correspondente ao apetite de alimentação nos mostrou o ser humano como coligado a toda a natureza e inserido no mundo como totalidade em perpétuo metabolismo; a análise da refeição como fruto da cultura, sob o duplo ponto de vista estético e técnico, nos manifesta o ser humano coligado a uma comunidade e subsistindo apenas dentro nela; é através dela, por sua mediação, que se realiza a relação humana com a natureza, uma vez que o alimento material é, desde o nascimento, apresentado em um quadro definido pela reciprocidade das pessoas, a mãe e a criança, e que esta figura continua.

Podemos agora dar um passo adiante e considerar um fenômeno misterioso, embora quotidiano: o convite do estranho à refeição. Que a refeição seja tomada em comum pelos membros de uma comunidade baseada no sangue, no trabalho ou em interesses comuns, nós o compreendemos bem. Mas, como a mesa dessa comunidade pode ser aberta àqueles que não pertencem a ela? Como o estranho pode ser convidado a um ambiente que não é o seu, "Venha jantar uma noite." Por quê? Será isso tão estranho? Se a comida e a bebida são elementos básicos para a vida humana, e se os consumimos em uma comunidade familiar e de trabalho, o convite para jantar não significa, para o estranho, que ele se tornou um dos nossos? Os víveres dos quais não pode se privar, mesmo um único dia, para continuar a viver, ele os encontrará entre nós: iremos lhe dar, hoje, do nosso sustento, dos nossos víveres, da nossa vida, para que ele viva. Convidar para jantar é, em última análise, oferecer a vida. O convite, por vezes, precede a intimidade, mas a sua intenção se torna ainda mais clara: queremos criar uma relação e queremos manifestar essa vontade ao nível em que o ser humano é alcançado em sua totalidade. Primazia do corpo, o convite é mais vivo e mais urgente, e a aceitação cria um compromisso ainda maior.

### Esconjurar a hostilidade

Podemos aprofundar essa perspectiva? Seria preciso inicialmente perceber suas nuances e, talvez, ao menos em uma primeira fase, retirar-lhe algo da sua densidade qualitativa. Talvez a oferta que tende a instaurar uma comunhão vise, em muitos casos, desarmar alguma hostilidade, efetiva ou apenas imaginada, ou favorecer uma reconciliação, ou afastar a solidão, em suma: afastar a morte, assegurar a vida mais que a doá-la[23]. De um grupo a outro, de uma pessoa a outra, nunca há relações neutras ou comunicação plana: agressão e aliança são os únicos termos possíveis. E como isso é verdadeiro quando o alimento se torna escasso ou está em jogo! A este nível, o convite seria, e muitas vezes é, uma medida defensiva: melhor dar e ter menos do que morrer. Na mesma perspectiva, o convite à refeição, que é algo pacífico enquanto tal, muitas vezes tende a estabelecer uma aliança em outro plano, onde a guerra e a morte seriam uma ameaça. O que é um "almoço de negócio" senão as preliminares de um contrato que permitirá à empresa (e, se espera, a seus trabalhadores) continuar vivendo? E

---

[23] Évágrio Pôntico nos diz: "Se um irmão tem algo contra ti, convida-o para jantar", *Ad Monachos* 15.

se não se fecha o contrato, as manifestações de despeito, de decepção, de hostilidade, em uma palavra de "luto" podem rapidamente revelar que o convite a viver se dirigia de fato a si mesmo, mas mediante a pessoa interposta capaz de proporcionar esta vida. O convite à refeição seria então um dos sinais privilegiados deste jogo de trocas sutis e comedidas, graças às quais cada pessoa ou cada grupo preserva a própria vida. Sabemos, desde os trabalhos de Mauss e Levi-Strauss[24], que existem muitos outros: os gêneros de consumo, os objetos preciosos, mas também as palavras e consideradas apenas no plano em que são úteis à sobrevivência de um grupo — as mulheres. É bem possível que vivamos a maior parte do tempo apenas nesse nível, o que, por outro lado, não é desprovido de valor. O teste da nossa intenção é fácil: se por várias vezes convidamos a jantar um amigo ou a um casal e essa gentileza nunca nos é retribuída," nós nos cansaremos. A aliança proposta será substituída por uma hostilidade educada, que não deixará de se manifestar na conversa com terceiros. Chamamos "aproveitador" quem jamais "retribui" os convites que sempre aceita; tal pessoa trai a regra implícita do jogo: a um dom se retribui com outro dom.

## O risco da troca

A possibilidade de que a mecânica do dom e do dom retribuído se trave por uma razão ou por outra, está muito a propósito, e pode nos ajudar a aprofundar o fenômeno. O Evangelho, com efeito, convida explicitamente a tomar como regra uma tal possibilidade: "Quando fizeres uma refeição ou uma ceia, não convides os teus amigos, nem teus irmãos, nem teus parentes, nem vizinhos ricos, para que não aconteça que eles, por sua vez, te convidem e sejas recompensado "(Lc 14, 12). Sem ir tão longe, ao menos podemos perceber o risco implícito em todo convite. Aceitá-lo em nome de quê?

O ritmo de reciprocidade com que duas partes doam mutuamente a vida não é realmente possível senão em um quadro de risco ou em um ambiente cujo fundo é o drama, mesmo se o sucesso da troca esconde o aspecto trágico. A troca, com efeito, resulta de um jogo de

---

[24] *Ensaio sobre a dádiva*, op. cit, trad. francesa, p. 143-279.

iniciativas; para que possa ser inaugurado, é preciso que alguém faça uma aposta: "Venha jantar hoje à noite! " Imaginemos tal frase formulada, não em nossa sociedade de abundância, mas num campo de concentração ou, mais simplesmente, em um espaço de pobreza ou em tempo de penúria, "Venha comer conosco". Quem convida arrisca a própria vida ao oferecer uma parte do que tem. Quem foi convidado, por sua vez, fará o mesmo? Convidar é pôr-se em situação de desigualdade em relação ao outro, uma relação assimétrica: expõe-se a própria vida, ao doá-la sob a forma de alimentos de que se dispõe, e o que lhe virá disso? A desigualdade, aliás, se reverte imediatamente: se, ao oferecer, submeto-me a outro que é capaz de fazer o que quiser daquilo que lhe oferece, de mim mesmo que ofereço, o risco de aceitar não é menor, especialmente quando não se é capaz de restribuir. Aceitar é reconhecer que o outro é maior, que ele me dá vida. Lembremos de um herói de Eugène Labiche,o senhor Perrichon: entre os dois pretendentes à mão de sua filha, ele preferiu aquele que ele considerava ter salvo a vida àquele a quem ele devia a sua e pelo qual estava bem próximo de odiar por essa precisa razão. O risco de se perder é o mesmo, quer doemos quer recebamos. A reciprocidade não é um simples jogo de equilíbrios harmoniosamente realizados; é como um ponto imóvel em uma corrida para o abismo. É uma aliança no centro das agressões.

Assim, para que a troca ocorra realmente e não só em aparência, é preciso, de alguma maneira, renunciar antecipadamente: doar sem esperança de retorno, aceitar sem reserva. A riqueza da comunicação supõe em ambos as situações uma "alma de pobre". O Evangelho, já disse, nos dá duas lições: caso se trate de um convite à refeição, que ele se dirija de preferência àqueles que não podem retribuir; quanto aos foram convidados, que eles saibam se livrar de todas as preocupações e interesses para, simplesmente, aceitar e vir (Mt 22, 2-10), verdadeira lei de "quem perde, ganha. "

## A troca, lei universal

Por mais simples e corrente que seja, esse costume de convidar à refeição nos faz perceber o paradoxo humano: doar o que temos e abrir-se ao que falta; riqueza que se expõe e se difunde, pobreza que pede e recebe; a existência desses dois extremos é a condição da comunicação, em que nada é retido e tudo é doado. Outras imagens vêm então interagir com aquela da refeição e remetem à mesma realidade. De início, a imagem conjugal: o homem e a mulher. Cada um é rico de próprio sexo, mas pobres do sexo oposto; para alcançarem a verdade da sua criação ("Deus criou o homem à sua imagem, homem e mulher os criou" (Gn 1, 27), é preciso que se faça uma comunicação entre ambos, feita de mútua decisão de tudo doar e tudo receber, por mais difíceis que possa ser o aprendizado dessa arte de amar, caminho de encontro amoroso, de prazer e de vida. Além disso, a imagem da morte como dom extremo: "Não há maior amor do que dar a vida por seus amigos (Jo 15, 13). Aqui, o mistério parece menos límpido: Não se vê imediatamente como se estabelecem realmente reciprocidade e comunicação, uma vez que quem morreu, mesmo que seja por amor, desapareceu do nosso horizonte humano. Adiante[25], tentarei esclarecer alguns pontos, mas as tentativas de explicação estarão sempre aquém do que percebemos. intuitivamente e que enunciei mais acima: para que a troca possa se estabeler, é preciso, paradoxalmente, renunciar a ela, doando, sem levar em conta, tudo o que temos; quem sabe, então, se a morte não é o lugar de uma aliança na incomensurabilidade do dom ou da perda? Chegamos aqui à partilha do alimento em tempos de caristia ou da bebida no deserto: a facilidade com que se exerce a hospitalidade em regiões menos favorecidas nos sugere, talvez, a profundidade dessa intenção de oferta, como um lugar da realização do ser humano. "Quem sabe se toda a nossa teologia não seja mais que uma custosa reeducação dos povos que esqueceram as leis primárias da arte de viver?" Como se a nossa abundância nos tivesse feito perder de vista o único ritmo que salva, o do dom e do acolhimento! Uma só realidade se toca, se recolhe e se amplia mediante os grandes símbolos que tecem a nossa existência: propocionar alimentos e, simplesmente, aceitá-los; trocar carícias, espalhar e acolher sementes; deixar correr o próprio sangue e intercambiar a vida porque o Outro morreu. Com

---

[25] Cf., cap. IV.

variações de intensidade, é sempre o único movimento da vida que se manifesta e se realiza.

Os teólogos perguntaram-se, por vezes, se a Eucaristia é refeição ou sacrifício, ou como ela pode ser os dois. Não será esta uma falsa pergunta que parte de uma visão muito curta da realidade? Quando se opõem os dois conceitos, não se vê, então, na refeição, mais que o fato bruto de comer, despojado de todas as suas conotações simbólicas; no sacrifício, não se vê mais que a oblação cruenta. Ora, a Eucaristia é refeição oferecida e aceita, substância doada para a vida dos comensais e recebida em ação de graças: seria a Cruz outra coisa? Quanto à metáfora conjugal, ela retorna continuamente nos textos litúrgicos. O que realizam, pois, a Mesa e o Altar, senão o encontro do Esposo com a Esposa cantado no Cântico dos Cânticos? A Mesa é o Altar e o Altar é a Mesa, porque um e outro são o Tálamo místico.

## Responsabilidade

A morte por amor é rara e a Cruz de Cristo é única; a relação conjugal é íntima, isto é, é vivida apenas entre os esposos; o convite à refeição é, ao contrário, frequente e manifesto. Portanto, ele é o símbolo mais claro da realidade mais profunda do ser humano. Levinas propõe chamá-la de "responsabilidade", mas em um sentido radical, que precede toda norma ética[26]. O ser humano é responsabilidade em um duplo sentido: ele responde de tudo e de todos; poderia ser de outra forma, se lhe dissermos que franqueie sua mesa e sua casa a todo vagabundo que se apresente à porta? Mas também é aquele que responde a tudo e a todos: ele é o vagabundo e o mendigo que, sem falsa vergonha, aceita todos os convites. Se descermos ao fundo de nós mesmos, veremos que isto é assim, *da amantem et sentit quod dico* O convite à refeição nos mostra o que é verdade em toda a vida: estamos sempre na condição de hóspede e de convidado, de quando em quando e sucessivamente. Quem oferece sempre é perigosamente inu-

---

[26] Eis o tema fundador no trabalho de Levinas, Cf. principalmente *Outramente que ser ou mais-além da essência* [*Autrement qu'être et au-delà de l'essence*, Haia, 1974]. Seria necessário, sem dúvida, fazer certas nuances, mas aqui não é o lugar apropriado.

mano e quem recebe sempre é insignificante, porquanto o jogo de dar e de receber cria uma circulação de vida na qual e pela qual cada um encontra sua alegria e sua realização. Como se a vida real consistisse em doar tudo o que se tem, até mesmo o que se é, e em viver daquilo que os outros, por sua vez, oferecem. Troca, responsabilidade, amor.

## Figuras de desejo

Mais acima, propus trabalhar em uma concepção de ser humano em que tudo, nele, esteja reconciliado: o cérebro, a boca e a mão. Tal humanismo seria ainda muito estreito; poder-se-ia mesmo duvidar que ele seja possível caso não esteja inserido dentro de um outro humanismo no qual dominem outras figuras: a mão direita, inteiramente aberta, e dirigida para baixo, para dar; a mão esquerda inteiramente aberta, e dirigida para o cima, para receber; o sexo do homem que ostenta a sua força, mas não permanece nele; o sexo da mulher, acolhimento e casa, desprovido de semente; o sangue, enfim, seja do homem, da mulher ou de Deus, porque sempre se soube, sem necessidade de explicação, que "o sangue é a vida" (Lv 17, 10-14).

Sonha-se com uma humanidade onde triunfaria essas figuras que simbolizam a circulação do Desejo. Restaria o ser humano como trabalhador e como artista, o ser humano elemento de uma totalidade material, mas atravessado pelo verdadeiro Sentido, que criaria uma ordem dinâmica na sociedade e na pessoa como em suas relações mútuas. Se o homem de Marx "que produz seus meios de subsistência" (e tudo o que isso implica), pudesse um dia reconhecer-se no de Levinas "que responde por todos sem comprometimento prévio" (e tudo o que isso implica), não estaríamos distantes da nossa meta! Mas para que isso aconteça, seria preciso, talvez, entrar mais profundamente no entendimento dos símbolos que eu estou tentando evocar e do desejo que eles evocam, cada um a seu modo. Desejo total de comunicação e Desejo de comunicação total: relação recíproca entre todos os grupos humanos, entre todas as pessoas humanas, onde ninguém possuiria nada, porque tudo seria constantemente doado e recebido. Essa fraternidade englobante e cheia de dinamismo não pode vir dos próprios seres humanos: Sem dúvida, é preciso que seja recebida dAquele do qual eles recebem a qualificação de irmãos em humanidade e a quem dão o Nome de Pai. O símbolo eucarístico tomará o lugar do símbolo humano, transfigurando-o.

Mas como poderemos ser iniciados verdadeiramente no símbolo eucarístico, se não sabemos convidar-nos à refeição terrestre? Esforcemo-nos, portanto, de comermos com frequência juntos, sem mundanismo nem timidez, e pouco a pouco compreenderemos até onde pode se estender essa troca.

### Celebrar

A verdadeira refeição é festim. É lamentável que esta palavra evoque hoje mais o número que a qualidade dos alimentos que a "festa", atestada por sua etimologia. Festa, situação de intensidade social, excepcional, muitas vezes ligada aos tempos fortes da vida ou à sua recordação; a refeição espontaneamente partilhada, porque o seu simbolismo se articula sobre o de toda a festa: nascimento, casamento, enterro, inauguração, vitória militar, queda da Bastilha... Trata-se sempre, em família ou na coletividade, de eventos relativos à vida em seu florescer, sua transformação, mesmo o seu fim, e as celebrações reúnem as pessoas que podem participar da alegria ou da dor que daí resultam. Uma festa não parece humanamente completa se não se oferece comida e bebida, com tanto maior prodigalidade quanto mais mais marcante ou mais decisiva for a sua lembrança. Quando se convida à festa, vai-se compartilhar a alegria ou a tristeza, o sentido ou a influência daquilo que está acontecendo ou o que se recorda. E o convidado aceita entrar no jogo: a vida de seus hóspedes é mais importante que seu campo, seus bois ou seu comércio. "Obrigado por ter vindo", nós o dizemos quando se despede.

### Refeição de aniversário

Tomemos o exemplo simples da refeição de aniversário. É essencialmente evocação da vida e, se vai além de um hábito ou de um ritual, comunica a vida e a renova. Celebrando em família o aniversário de casamento dos avós é retomar, recapitular a riqueza de sua vida comum, reviver o nascimento de filhos e dos netos, fortalecer os laços familiares que se exprimirão de maneira renovada em outras circunstâncias da vida, e também purificar os aspectos negativos do passado e criar um novo futuro... Celebrar, entre veteramos, o aniversário da vitória, significa reencontrar, ao menos de maneira efêmera, os fortes laços de uma existência outrora partilhada em perigo. A refeição recebe dessas recordações uma intensidade de comunicação e de sigificado que criam a festa; mas, por sua vez, dá-lhes uma espécie de realidade concreta, uma vez que há uma real partilha de alimento que dá a vida. Não beberemos mais o vinho das trincheiras, mas o vinho que hoje bebemos renova a partilha de outrora e renova a fraternidade. Desde que, é claro, esta fraternidade transborde, a seguir, o mero momento da refeição; esta é símbolo e, portanto, é criadora de vida; se em nada contribuísse para a unidade da comunhão entre os que a tomaram juntos a refeição, então não seria mais que um ritual, vazio de seu peso humano e de verdade: donde vem o indizível tédio das "cerimônias oficiais", se não de que elas não são festas visto que as pessoas não se entregam.

## Da linguagem.

Na festa, o valor de troca total, ligado ao convite à refeição, é, assim, redobrado e fortalecido pela vida celebrada ou por sua lembrança; reciprocamente, a evocação de um passado que marcou a vida supera a troca de alimentos e manifesta o seu verdadeiro alcance. 2 Vemos se inserir aqui, naturalmente e sem esforço, um elemento de comunicação, sempre suposto em tudo o que foi dito até agora, mas que não ainda considemos em si mesma: a linguagem. O que de surpreendente há nisso que acontece? O ser humano é esta criatura que não arranca do chão, e com a boca, o seu alimento, mas que o recebe nas mãos vindo de outras mãos, sua boca é livre, não apenas para assumir o dom que lhe é feito, mas tambémpara expressar o seu "obrigado", para dizer algo, para falar. E quem doa os víveres cimo as mãos é também aquele que com os seus lábios diz o sentido da sua oferta. É, pois, totalmenet normal que festa suponha a linguagem: expressando o seu sentido, ela é criadora de comunhão. A certa altura da celebração, durante a refeição ou ao final desta, discursos, brindes e votos acabam dizendo, e também a trocar, as razões da alegria comum e espera-se que uma adesão bem ruidosa de todo o auditório aprove as palavras pronunciadas! Em toda refeição trocam-se palavras juntamente com o alimento, mas as palavras festivas são mais do que esse acompanhamento espontâneo: ela manifesta o sentido desta troca de alimento, diz a natureza dos laços que esperamos obter ou dos quais nos alegramos; provoca a adesão pelos gritos, pelo ruídos e pela aclamação.

Assim, os gestos e as coisas, os acontecimentos e as lembranças evocam a palavra e a fecundam, embora que esta as manifestam e as revelam. Que diremos, então, dessa palavra?

CAPÍTULO II
# FALAR

Se a comida é verdadeira epifania da Vida, assim também o é a palavra, especialmente quando dirigida e trocada neste momento de emoção e alegria se chama festa. A mão se estende para alguém e se ergue com uma taça de vinho, os olhos bem abertos, e da boca sai uma palavra de alegria e recordação. Em nome de todos, um dos participantes se dirige ao herói da ocasião, lhe recorda um passado e lhe faz votos para um futuro. Este discurso é invocação: a pessoa do herói é interpelada com força e ternura. Há também evocação, uma vez que é a memória de um passado vivo que provocou a festa e lhe conferiu a razão de ser. Conta-se aquele passado ou, mais exatamente, o que, desse passado, chamou a atenção e suscitou a gratidão. Tal discurso, invocação e evocação, é um rito efêmero ou, ao contrário, traz em sua a vida e, quem sabe, algo de eterno?

Meditaremos agora sobre alguns aspectos. O discurso é principalmente voz, canto, música. Mas é voz para alguém, ele se dirige e profere um nome próprio. Por vezes, é dito em nome de outros. E então, ele se põe a contar: no interior da comunhão estabelecida, ele evoca, faz memória, mas também antecipa. Gostaria, enfim, de tomar coragem e transgredir os limites do tempo e do espaço que, no entanto, parecem as condições mesmas de sua possibilidade. Gostaria de evocar as origens, até as mais distantes, e como que profetizar um fim que fosse a realização última. Será que terminará em fracasso ou encontrará, na invocação de Deus e na narrativa de sua obra, o cumprimento a que aspira e que, em última análise, dá sentido a cada mínima palavra?

## A voz

### Poética pessoal

Não há invocação nem discurso se ninguém fala aqui e agora. Uma vez pronunciada, uma alocução pode muito bem ganhar as "honras da impressa"; mas pode também admitir que tenha sido impresso de antemão e que, de toda a maneira, o orador preparara algumas anotações num papel. Seja qual for, porém, a importância do escrito, o discurso, como linguagem e invocação, não existe senão de forma oral[1]: é a voz de uma pessoa concreta. O texto escrito de uma homilia, o resumo de uma transmissão televisiva são, muitas vezes, decepcionantes pois carecem precisamente da voz e da sua originalidade. Dizia-se sobre Cristo: "Nunca ninguém falou como este homem". Isso, sem dúvida, era verdade acerca do conteúdo de sua mensagem, mas também da sedução de sua palavra.. Como timbre, preferências vocálicas, articulações, movimento, dicção, o sistema sonoro é individualizado, é como um código da pessoa que se expressa: "Ouço a voz do meu bem-amado". Para cada um, há um ritmo oral: forma pessoal de dizer, ainda que dentro de um sistema linguístico já aperfeiçoado. Escolha, mesmo inconsciente, de construções, imagens e palavras; frases curtas ou longas; composição ou fantasia do discurso; sotaque. Tudo isso forma uma espécie de "poética pessoal", irredutível ao conteúdo das noções veiculadas, irredutíveis também ao gênio universal de uma língua.

---

[1] Gostaria de enfatizar este ponto. À sua maneira, ele valoriza o primado, afirmado claramente por SAUSSURE, da palavra sobre a linguagem, no sentido que ele dá a esses termos *Curso de linguística geral* [*Cours de linguistique générale*, éd. critique, Paris, 1976, p. 37]. Desde os anos de 1970, a reflexão sobre a linguagem, seus limites e méritos, tem sido considerável, mas ela talvez não tenha levado em conta o bastante o que, em termos escolásticos, poderia ser chamado o primado da existência sobre a essência. Esse primado é duplo, no sentido de que só há linguagem individualizada e que, paradoxalmente, esta individualidade se manifesta apenas no ato efetivo de nos dirigirmos a alguém. As estruturas da linguagem, sob qualquer aspecto em que forem abordadas, subentende essa existência, dando-lhe corpo. É por isso, creio eu, que a palavra de São João "No princípio era o Verbo" diz também começo da filosofia. As reflexões que se seguem devem muito às primeiras obras de J. DERRIDA, *A Voz e o Fenômeno* [*La Voix et Phénomène*] e *A Gramatologia* [*Grammatologie*], cujas interpelações tentei responder pela primeira vez faz muitos anos.

Nenhuma linguagem existe concretamente exceto por essa poética pessoal, que revela o homem tanto quanto o que ele diz, e precisa, sobre o plano inteligível, o que é dito. Decerto, hoje seria possível, muito mais que antes, descobrir numerosas estruturas universalizáveis no interior desta poética pessoal. Assim como a grafologia permite entender alguma coisa da personalidade de alguém mediante a escrita, assim uma "áudio-psico-fonologia" poderia entendê-la no nível da palavra[2]. Mas esta abordagem analítica, da qual seria preciso ainda provar o caráter exaustivo em todos os níveis da personalidade oral, não poderia vir, em todo o caso, se não após a palavra dita: se a linguagem pode ser analisada, isso é porque ela foi dada precedentemente, brotou em invocação e em discurso, e aquela ciência poderia dar conta desta origem? Sabemos bem qual arte, que paciência, quanto tempo, às vezes interminável, é necessário para tornar possível esse surgimento no caso de uma criança autista! Tudo se explica, exceto a irredutibilidade da palavra, e dela dependem todos os conteúdos e todas as lógicas.

Falar, portanto, é formar uma frase musical que trai uma experiência que é simultaneamente sensorial (visual, táctil) e pessoal (ou seja, implica uma reação singular àquilo que é percebido). Se, em forma de parábola, se quisesse comentar o que a história do Paraíso diz sobre a palavra, poderíamos propor o seguinte: quando, na origem dos tempos, Deus conduziu os animais até o homem para que lhes desse um o nome, o que Adão fez? Cada vez ele cantou diante de Deus uma melodia de sua invenção, que ele produzia e ouvia ao mesmo tempo como um tipo de indicação da alma que se apresentava. Este canto primitivo era inseparavelmente invocação a Deus que trazia o animal, evocação do animal trazido e também expressão de admiração ou reticência, de afeto ou de medo... Mais tarde, quando o homem e mulher passeavam no jardim, as mesmas modulações foram repetidas, mas, por que estavam dirigidas à mulher em vez serem dirigidas imediatamente para Deus, a inflexão era ligeiramente diferente. Diferente, mesmo quando a mulher se pôs a usá-las para o

---

[2] *Vide* E. Levinas, *Totalidade e infinito* [*Totalité et infini*, 1974, p. 157].

homem, quando ambos as cantavam juntos diante de Deus ou cantavam um para o outro. Chegou o dia em que as melodias tornaram-se apenas "úteis", um acompanhamento necessário da técnica nascente da pecuária, ou se tornaram, então, narrativas para cobrir o lapso de uma ausência no tempo ou no espaço. Foi assim, provavelmente, que da canção nasceu gradualmente a fala, e do poema a prosa. Depois vieram os universais e o saber, a história e a ciência. O universal é, em suma, o que é comum a duas interpretações de uma mesma melodia: na medida em que música da linguagem é ouvida e pode ser repetida, embora com outros tonalidades, em outros contextos, diante de outras pessoas ou por parte de outras, ela é em parte despojada do que a fazia algo estritamente pessoal e precisamente situado. E assim nasceu o universal, que a seguir se estende e atua de todas as maneiras, no nível do sintido como naquele do som. Mas a querer separá-lo da voz que, em cada momento, o retoma e o profere, não o tornamos uma coisa morta e mortal?

As declinações, nas línguas analíticas como o latim ou o grego, testemunham à sua maneira o desejo que linguagem conserva de ser em todo momento original e única. As palavras querem ser referidas às pessoas que lhes pronunciam (nominativo), às coisas que elas designam (acusativo) e à pessoa diante de quem são pronunciadas (vocativo). A linguagem não cumpre sua unívoca de expressão dados homogêneos e reconhecidos como tais caso ela não seja, antes de tudo, poder evocativo de um mistério de existência, de desenvolvimento e de comunhão. A linguagem é, assim, por essência, multiforme, mesmo se esse caráter multiforme se manifesta pelo jogo de uma atividade sensorial que é sempre a mesma, inserida no tempo e no espaço humano. As declinações, nas linguagens analíticas como o latim ou o grego, testemunham, à sua maneira, o desejo que a linguagem conserva de ser, a todo momento, original e única. As palavras querem estar refeidas às pessoas que as pronunciam (nominativo), às coisas que designam (acusativo) e à pessoa diante da qual são pronunciadas (vocativo). A linguagem não cumpre a sua missão única de expressão de dados homogêneos e reconhecidos como tais se não é, antes de tudo, poder evocativo de um mistério de existência, desenvolvimento e comunhão. A linguagem é assim essencialmente multiforme, mesmo se essa multiplicidade se manifesta pelo do jogo de uma atividade sensorial que é sempre a mesma, inserida no tempo e no espaço humanos. A prosa aspira a tornar poema, e o poema a ser canto. A linguagem do saber é interior à linguagem evocativa e invocativa. O símbolo, evocativo ou invocativo, tem o primado sobre o símbolo científico; este último sequer é possível senão como transformação de um símbolo distinto que o engloba; e, naquilo que concerne à narrativa ou a história, o que cientificamente pode ser circunscrito inscreve-se dentro daquilo que não o é. A interpretação mais refinada dos dados disponíveis é como um preâmbulo (antes) ou uma retomada (depois) da canção de gesta, porque esta é cantada por alguém diante de outras pessoas: palavra dirigida a alguém, palavras comuns em nome próprio, comunidade criada pela música e a evocação... Onde se diz mais e melhor, onde se alcança de modo mais verdadeiro a Paixão e a Ressurreição do Senhor, senão na ação de graças da oração eucarística, cantada a Deus nosso Pai?

## Invocação

Não será, talvez, pelo fato de a linguagem ser fundamentalmente invocação que ela é, antes de tudo, música e que a palavra é canto? Se as vozes cantam, cantam para alguém, para ele: "Deixe-me cantar ao meu amigo o canto de seu amor por sua vinha" (Is 5, 1). O que a voz exprime de início, sob forma melódica, é o Amado a quem ela se dirige. O nome próprio é o canto mediante o qual o semelhante reconhece seu semelhante, em sua identidade e em sua diferença. Podemos analisá-lo? É o nome mais simples, sem dúvida, mas também o mais importante: "Meu caro Pedro", "Meu caro amigo", "Caro senhor diretor"... Sempre dizemos "meu" como se não fosse possível falar a alguém sem fazê-lo nosso ou, o que é o mesmo, sem que nos façamos ele mesmo. Dirigir a palavra é um ato criador da unidade na reciprocidade. O dia em que esta fosse definitivamente quebrada, nós se falaria mais. Sempre "caro": os começos são emotivos; poderia me dirigir a alguém se não tivesse algum valor a meus olhos? Sentimos de tal maneira certos silêncios como indiferença ou desprezo que deveríamos perceber toda palavra dirigida como um reconhecimento. "Porque és precioso aos meus olhos e Eu te amo", diz Deus (Is 43, 4): a religião da Palavra dirigida só pode ser uma religião de Amor oferecido.

A seguir, vêm as diferenças: Pedro, amigo, diretor[3]; nome próprio, nome relativo, nome funcional. É sempre alguém, mas o grau de intimidade é decrescente. Se nós festejamos o diretor, é porque a sua liderança foi eficaz, seu comportamento justo, suas relações corretas e, por vezes, também cordiais; por trás da função, surge a pessoa: Pedro. Paulo, incompetente e rígido, teria deixado o lugar sem ser lamentado nem festejado. No entanto, a proximidade se faz maior se Pedro recebe o nome de amigo ou outro equivalente: caro amigo, caro colega, querido primo... Permanece ainda uma espécie de reserva, que cai quando se fala a alguém por seu próprio nome. Não é preciso fazê-lo muito rapidamente. Se os desconhecidos de ontem começam logo a se chamar pelo primeiro nome e chegam, assim, rapidamente, ao modo mais pessoal de se chamar, antes mesmo terem o tempo de se conhecerem, qual o nome eles se darão quando se conhecerem realmente? A menos que eles se deem a ilusão de se conhecerem porque usam o nome próprio e renunciam às longas aproximações pelas quais se forja um verdadeiro encontro. "Pedro", com efeito, não é uma função, nem uma rede de relacionamentos, mas aquele ser humano da maneira mais absoluta. Diz-se "nome próprio", incomunicável, que não podemos usar sem uma real proximidade de quem nos dirigimos assim. Como se não houvesse nenhuma meio mais íntima para nos aproximarmos de alguém senão expressando o que ela é em si mesma: irredutível, incomunicável exclusiva. 3 — Devemos ir mais longe? Só no momento em que nos dirigimos a ela é que uma pessoa tem realmente o seu próprio nome. Como sinal vocal ou escrito, nome, mesmo o nome próprio, tem um significado comum (Pedro e pedra),

---

[3] As culturas antigas mantiveram, em sua linguagem, o sentido das diferenças, Cf., por exemplo, Pierre JAKEZ-HÉLIAS, *O Cavalo do orgulho* [*Le Cheval d'orgueil*, Paris, 1975, p. 429-433]. Notemos que o capítulo deste livro que fala da linguagem também fala dos alimentos e dos modos à mesa.

há quem responda (todos os homens que se chamam, foram chamados e serão chamados Pedro), é preciso todo um sistema de indicações precisas para que o sinal adquira valor individual, "Pedro, filho de Jonas", "Pedro da Ponte". Mas a pessoa real, enquanto tal e sem ocasião de erro, só aparece quando o nome lhe é dado atualmente, quando nos dirigimos a ela: "Pedro". Assim, o nome correto é aquele que, aqui e agora, recebemos porque alguém nos chama e nós o ouvimos. Inversamente, o nosso nome próprio é o que manifestamos por nós mesmos, para além do sinal que, de alguma forma, nos designa. Chamar alguém pelo nome, é dar-lhe o ser: sempre que nos é dirigida a palavra, somos criados. Tudo o que podemos dizer depois importa, porém importa menos que a invocação do nome. Aquele que nunca é chamado por alguém, este, por assim dizer, não existe.

## Metáforas

Levinas esclarece esse surgimento da linguagem servindo-se de belas metáforas. A palavra é como um rosto[4]; ora, o rosto não é algo que se possa "medir de alto a baixo", uma forma visível sobre a qual o olho possa se exercitar. É um ícone que se apresenta, revela-se, desvela-se em liberdade de tal maneira radical que precede a responsabilidade. Ele não arcar com os olhos, não importa como nós sabemos bem como é difícil observar e ser observado. O rosto é a realidade da pessoa que está exposta e oferece, sem, nunca, podemos reivindicar a dominar, reduzindo a sua manifesta ção. Assim, a palavra que é recebido se é permitido e o que não recolhem fora.

Metáfora também da altura[5]. Todos revelação vem "do alto"; o evento nunca é nível, como poderia então reduzir a originalidade semelhante ao já conhecido. Ele vem de cima, e mantém uma diferença de externalidade e caráter o que torna a atração e mistério. Se a epifania do rosto e o som da palavra não me atraíssem de alguma maneira para fora de mim, fazendo com que levantasse delicadamente os olhos e voltasse com cuidado os meus ouvidos, talvez não tivesse visto ou ouvido nada mais que a sombra e o eco decepcionante de mim mesmo.

---
[4] *Totalidade e infinito, opus cit.*, trad. francesa, p. 176-177.
[5] Ibid., p. 195-196.

Toda palavra é, pois, ensinamento[6]: não no sentido de um conteúdo dogmático proferido de modo doutoral, mas porque, ainda que eu já saiba o que ela vai me dizer, eu não ouvi ainda quem quer me dizê-la agora e não sei como vai ressoar em mim aquilo que todavia eu creio saber, "se alguém pensa saber algo, ainda não sabe como deve saber" (1 Cor 8, 2), e deve tornar-se discípulo. A maneira, inédita, com que a verdade é-nos apresentada faz parte da verdade enquanto tal, não porque isso constitua uma verdade suplementar ou noção a mais a ser acrescentada a um conteúdo, mas porque ela é o ambiente vivo dem que se inscreve todo verdadeiro discurso. A verdade não existe senão quando é recebida; quando pensamos que a possímos, ela nos escapa.

## Quem fala?

Tudo o que acabei de escrever supõe que a palavra seja consciência e vida recíprocas. Com razão, poderia se objetar que isso está longe de ser sempre o caso: a palavra não brota sempre, nem, talvez, com frequência, "em primeira pessoa": "se" diz "isso" que se tem a dizer, polemicamente e com escrúpulo inconsciente de se justificar. O verdadeiro "Eu", pessoal e livre, não parece em tal palavra. E, de repente, não se fala a ninguém, ao menos não à pessoa diante de nós, ignorada ou – caso se quisesse alcaçá-la — opaca. Então, se ambos os lados a palavra permanece no "se" impessoal, o seu conteúdo corre o risco de ser falsificado: a frase é apologética, a narrativa está combinada, o raciocínio está distorcido.

## A linguagem doente

Vivemos, é verdade, sob o regime da palavra enferma. Sabemos disso há muito tempo. A obra de Platão começa sob a égide da impossível busca da linguagem verdadeira contra as falsificações sofistas, e cada época tropeça no problemas sobre a verdade. Desde Freud, sabemos melhor a nossa linguagem explícita dança no terreno incerto de uma linguagem oculta, à busca de seu verdadeiro interlocutor. Mas

---

[6] Ibid., p. 178-179, 188.

isso, creio eu, não faz mais que confirmar a que ponto o nosso desejo conduz a uma linguagem verdadeira, em que as pessoas possam se dirigir umas às outras por uma interpelação e uma escuta real e não fictícia, em que os símbolos e conceitos não estejam privados de referente real. A psicanálise, em definitivo, não tenderia a reorientar a linguagem sobre outro, seja este pessoa ou coisa, e a desbloquear o mecanismo que fecha sobre si mesma uma palavra que, em realidade, não fala? Lutamos para que nossa palavra domine a sua tendência a retroceder do masculino, do feminino ou do plural a algum neutro impessoal que não vem de parte alguma e não se destina a ninguém. Essa luta, enquanto tal, testemunha em favor do intercâmbio da palavra. Não será ela como que o pressentimento daquilo que poderia ser um dia uma palavra verdadeiramente autêntica?

### A linguagem difícil

É verdade que, por vezes, e necessariamente, a linguagem desenvolve a lógica difícil de algum conteúdo teórico delicado de se explicar sem que o orador se preocupe em demasia com sua audiência; e essa audiência, inversamente, se esforce para captar o pensamento, sem se preocupar muito com a pessoa. Mas isso é mais um índice da fraqueza do ser humano que a manifestação da essência da linguagem; certas pesquisas são e tal maneira delicadas, que não é de fato possível dar atenção simultânea ao assunto de que se fala e às a que se fala. No entanto, essa fragilidade da nossa a atenção deveria ser provisória e durar apenas o tempo necessário para que se consiga dominar o próprio pensamento. Seria preciso, então, saber retornar às pessoas que escutam para verificar que elas assimilaram as coerências dificilmente percebidas diante delas. Começa, então, o tempo das explicações e dos exemplos, que não teriam sentido se a linguagem não fosse, do início ao fim, dirigida a alguém.

### A linguagem impossível

É verdade também que o hermetismo da linguagem não é apenas o reverso de um esforço sobre-humano, realizado para dizer, em palavras, o que se subtrai a todo entendimento e que se acha sempre para além dos signos, mesmo os mais refinados e elaborados. A linguagem humana é pouco mais que um marco limitado sobre um caminho que vem de não se sabe onde e não leva a um lugar definido. Sugerir isso além de toda origem ou todo o fim, esse infinito que, paradoxalmente, permite apenas ao definido se dizer, nós fazemos como é possível! "Sobre o Monte Carmelo não há mais trilha". Tentamos ir ao funda das metáforas, juntam-se palavras que deveriam se repelir, esforçamo-nos para alcnçar a esse ponto onde se pressente que o sem-sentido é que tem sentido. E ao fazê-lo, descobrimos que algo, talvez alguém, fala de um lugar dentro de nós, mais profundo que nós mesmos e dirige misteriosamente os nossos jogos de linguagem em direção a um extremo onde teríamos conseguido levá-los. Reconhecer que "isso fala" nossa própria linguagem nos surpreende, não sabemos de que sopro procede em nós o Verbo que ouvimos dizer. Se, portanto, quem ouve a essa linguagem não entendesse nada, não faltaria talvez, aos seus ouvidos, a única ressonância essencial? No começo e para sempre está o poema.

## A linguagem analógica

É verdade que a linguagem final é sem dúvida impossível e só pode ser abordado pelo poema. No entanto, aquele que, por vezes, é levado a falar assim, ou melhor deixar a palavra ser proferida nele, é também aquele que fala em outros níveis, mais modestos. Ele utiliza de outros gêneros cuja destinação e conteúdo inteligível são mais acessíveis. Minha convicção (mas sei que é uma opção que poderíamos discutir e que divide os filósofos da linguagem) que não pode existir uma total solução de continuidade entre os diferentes níveis de linguagem. É sem dúvida mais difícil procurar elaborar as coerências e as analogias entre os níveis que privilegiar uma inacessível linguagem mística, deixando sem motivo a linguagem corrente da qual nos servimos sem hesitação. Nos evangelhos, há várias densidades de palavra, mas é sempre alguém que se exprime e seu discurso não causa repulsa, porque é sem vulgaridade e sem esoterismo. A razão talvez seja que Cristo sabia de que profundidade se elevavam nele a palavra e a oração e quem elas se dirigiam. Para nós, fica ao menos isso: se há uma linguagem que parece ir ao fundo dos seus limites e que busca superar a si mesma recorrendo ao máximo seus recursos ocultos, devemos nos perguntar a quem pode se dirigir essa linguagem e, se ela procede de além de nós mesmos, de quem a podemos escutar. A proeza final da linguagem mística não nos remete a um Deus que invoca e quem nos dirigimos enquanto horizonte último de cada palavra?

Em conclusão a todas estas interrogações, podemos dizer que, falando também da melhor maneira possível, permanecemos como à espera do "discurso verdadeiro": realmente exposto em uma invocação viva, que proceda de um sujeito falante verdadeiramente das profundezas de si mesmo, que desenvolve raciocínios justos, de relatos dotados de um verdadeiro sentido, de juizos que libertam. O Evangelho, e mais concretamente a Palavra Eucarística, aqui e agora, não poderiam ser entendidas como o cumprimento de tal expectativa?

## A representação

O que acaba de ser dito não facilita a investigação de um outro aspecto da alocução, que ora precisamos abordar. Com efeito, a palavra é pronunciada por um só em nome de todos. A originalidade de quem fala, bem como daqueles e daquelas em cujo nome fala, mas poderia parecer, contudo, se opor a qualquer prática da representação. Quanto ao ouvinte, se há para ele algo único quando ouve o seu nome pronunciado por algum de seus parentes ou amigos, como esta invocação substituiria todas as outras? A voz do primogênito substituirá todas as outras? A voz de Esaú ou a de Jacó?

Representar, portanto, não significa substituir. Nada pode ocupar o lugar de uma palavra pessoal e nenhuma palavra pessoal pode, por sua vez, pretender substituir as outras. Em certo sentido, o ser humano que fala só pode ser ele mesmo. Isso também se verificará no fato de que ele será pessoalmente agradecido por seu discurso: louvam-se as palavras que ele escolheu, a maneira como se expressou, o coração ele pôs nisso tudo. Não se confunde com aqueles em cujo nome fala; se exprimirá mesmo gentilmente a própria alegria pelo fato que foi levado a tomar a palavra. Assim, tudo o que é próprio da sua pessoa parece contribuir à qualidade da representação, em vez de impedi-la.

## O primogênito

Se, por outro lado, consideramos o caso em que uma pessoa fala em nome de outras, aproveitaremos melhor a representação. Há, antes de tudo, um tipo de primazia espontânea: o primeira, cronologicamente falando, tem um direito de certo modo "natural" de falar por aqueles que vieram depois; foi ele que iniciou. O primogênito fala por seus irmãos e irmãs, porque foi ele que, por primeiro, tornou genitores (que experimentaram a alegria de gerar) certo homem e certa mulher. Depois dele, as coisas se repetiram, mas o evento inicial, como todos os começos, teve sua densidade, incomensurável, talvez, em relação ao que se seguiu. O discípulo mais antigo fala em nome dos outros porque ele, por primeiro, fez do professor um mestre... Aqui a representação vem de uma espécie de superioridade do evento inicial em relação às repetições, mesmo que estas tenham tido a sua originalidade.

## O representante

Por outro lado, a pessoa que fala é também, em outros momentos, senão na mesma situação, alguém que escuta. Ela recebe a revelação de outro rosto, submete-se à epifania da sua estatura e recebe seu ensinamento. Permanecendo completamente ela mesma, enriquece-se ao contato de outro, dos outros. Quando uma comunidade palavra é constituída dessa maneira, numa reciprocidade que não dissolve as pessoas, mas as harmoniza, um dos membros, o qual não substitui cada um dos membros ou todos, pode falar em nome do grupo porque pode se manifestar essa harmonia. Este é o fundamento mais comum da representação: ele supõe que as pessoas representadas aceitaram de alguma maneira que uma delas seja ouvida em nome de todas, posto que todas se encontram nela.

## O melhor

Por fim, poderíamos imaginar que, no grupo, houve alguém tão pleno e tão singular que era capaz de recapitular, sem destruí-las, as outras pessoas capazes de se exprimir e de se revelar. Na manifestação deste Rosto e desta Palavra, todo rosto seria revelado, todos as pessoas se manifestariam e se reconheceriam inteiramente, tendo a consciência de serem superados por uma qualidade que elas não possuem: a representação por parte do melhor. Essa pessoa existe em todos os grupos, mesmo que nem todos tenham a generosidade de reconhecê-la e dar-lhe a palavra. Esse ponto de vista não nos coloca no caminho daquele que seria o melhor, não de um grupo particular em particular, mas de toda a humanidade, estendida no tempo e dispersa no espaço? Se houvesse alguém que pudesse falar em nome de todos os seres humanos, simplesmente porque são seres humanos, quem seria? E com quem falaria? Vemos abrir-se aqui um caminho para conhecer Jesus Cristo, o Homem que fala a Deus em nome de toda a humanidade. Portanto, se o fenômeno da palavra portada manifesta a unicidade da pessoa que fala, em um nível ainda mais profundo que o das palavras que diz, a prática da representação indica que a pessoa, por ser única, não é exclusiva: ela não está sozinha no mundo. Não podemos intercambiar pessoas, mas podemos representá-las, e, sem esta possibilidade, cada uma seria uma mônada fechada em si mesma. O ser humano é, a um só tempo, em si mesmo tempo e para os outros. As palavras que diz serão suas, mas de tal maneira que possam ser proferidas em nome de outros e ouvidas por outros. E, mediante essas palavras, todos serão um, sem deixarem de ser eles mesmos.

## A evocação pela narrativa

O conteúdo da alocução é uma narrativa, a evocação de um passado que se quer comemorar: esta evocação termina geralmente com os votos que antecipam o futuro sob a forma de felicidade e prosperidade *ad multos annos*. No entanto, para que a narrativa seja realmente o que deve ser, isto é, fiel e evocativa, ela deve proceder da invocação do outro a quem se dirige: não posso compreender ou relacionar aquilo com que recuso comprometer-me. Uma certa emoção é a condição de minha objetividade. Se o passado que evoco não se tornou meu, como eu o direi? Visto que, neste sentido, ele não é meu (eu não tinha nascido, não estava presente, talvez nem soubesse), é preciso que ele se torne meu, isto é, que eu entre em comunidade[7] com os que viveram aquilo que pretendo recordar. Ao dirigir-me a eles, perco a exterioridade que impedia a minha compreensão. O passado "deles" é retomado, mediante a "minha" linguagem, no "nosso" presente, e, como no fim da festa tudo nem tudo estará terminado, eis-nos doravante no mesmo barco para o futuro que em parte nos espera, em parte será feito por nós. A verdadeira narrativa procede de um tato infinito da parte daquele que narra; cabe a ele "tocar" aquilo que ressoa para a vida e para a morte. Nós o conhecemos bem, mas talvez só lhe damos atenção sob o aspecto negativo: "Tu podes contar comigo, não vou tocar nisso". O tocar intervém muito mais no dizer que no não dizer e, para que ser-lhes fiel, é preciso estar identificado, pela invocação, com aqueles cujas vidas tocarão.

Um incidente, aliás não muito raro, pode ilustrar o que eu disse agora: um dia acontece que as leis da boa educação nos levem a confiar o brinde a algum senhor idoso, honesto e chato, dotado de uma memória insolente sobre os anos passados e, para o cúmulo do azar, ele está sempre disposto a contar sua vida e seus feitos sob o pretexto de evocar o passado de quem festejamos. Sua reconstituição minuciosa e sua narração interminável são ouvidas com educação pelos adultos, mas as crianças começam a fazer travessuras. O sentido é quebrado; o ritmo é ensablé. Com efeito, narrar não é dizer tudo o que se passou: não se deve misturar arquivos, história e evocação. Muito pelo contrário, percebemos claramente que tal evocação não deve ser fantasiosa. Não se pode tratar com leviandade os eventos que fizeram a vida de uma

---

[7] *communauté*

pessoa; tampouco podemos escolhê-los e apresentá-los de tal modo que sirvam para provar algo que nós mesmos pré-estabelecemos; a moral ou antimoral não contam aqui, conta apenas o curso significativo de uma vida que teve momentos de alegria e momentos trágicos. Narrar é, portanto, estruturar um discurso que evita tanto o dizer tudo como o nada inventar; trata-se de diiscernir os eventos reais que marcaram, de perceber seu encadeamento, apresentar um sentido que se identifica a uma vida. A narração exclui tanto a construção palavra por palavra como a ficção; ela requer o poema. Quando a insistência sobre "o que se passou" torna-se excessiva, não se conta mais: esquece-se a dimensão da linguagem, como se a mediação da narrativa pudesse ser apagada. Quando, ao contrário, a referência "real" da narrativa é subestimada, nada se conta, a linguagem deixa de ser uma mediação, e assume a si mesma como fim. Torna-se ficção, quando deveria ser evocação, ou procedimento verbal em vez de ser Eucaristia.

## Narrativa e invocação

Podemos dizer as coisas ao contrário. Falo aqui da narrativa interna da alocução festiva. Seria possível generalizar e dizer que toda narrativa privada deste contexto festivo o chama e o espera. Se há sepração, esta só pode ser provisória. No final das contas, sempre se conta a alguém, e essa orientação para o outro é a melhor garantia da verdade do que se diz. Vamos tentar alguns exemplos.

## A narrativa insignificante

Há, antes de tudo, aqueles relatos insignificantes, mas tanto mais importantes, que fazemos ou ouvimos. Que pai de família entra em casa à noite, vindo do trabalho ou de uma viagem de negócios, sem surpreende'? Ele falará rapidamente com sua mulher e de maneira espontânea solicitará também um breve relato: "Você passou bem o dia? Esta troca é normal, caso contrário seria preciso explicar o silêncio; ele significaria dissimulação, desacordo, cansaço ou qualquer coisa assim. Ao reproduzir oralmente o dia que teve e pedindo um relato análogo, o marido se comunica de novo à sua esposa. Os relatos são baseadas em uma comunhão pre-existente, estando, também ela, selada por uma palavra. Os relatos reconstituem ou ao menos conservam essa comunhão. O que se aplica aqui não é tanto o conteúdo do que é contado quanto o intercâmbio de palavras enquanto tal, poderíamos dizer que é a expressão corrente da comunhão das pessoas. Os detalhes estariam fora de lugar naquele momento; dar ou pedir muito seria tão anormal como nada dizer.

## Alcance do evento

O evento em si, no entanto, não é desprovido de significado. Se os relatos insignificantes mantêm uma comunhão, os relatos significativos a criam, reforçam ou mesmo lhe dão uma nova direção. Se eu escapei por milagre de um acidente de carro, enquanto ia ao encontro de um amigo, a primeira coisa que lhe contarei e lhe participarei minha emoção. A realidade do acidente só existe na narrativa, mas não haveria relato sem essa realidade. Podemos medir o papel da narrativa observando, por exemplo, que é apenas ao relatar o perigo de que escapei é que percebo o seu alcance. A emoção só pode alcançar uma maior intensidade em relação ao momento mesmo do incidente, e a reconstituição do evento no discurso se torna então mais real do que o fato mesmo, no momento em que foi vivido. Ou então, o auditor pode reviver o evento narrado com mais intensidade que o narrador e revelar assim a quem o viveu a densidade e a importância daquilo que aconteceu. Silêncio aqui é o prelúdio para o esquecimento ' A memória e a troca de tais eventos só poderiam destruir e devastar o grupo. Por outro lado, não contamos tudo a qualquer um: receber informação de certas tradições faz parte da iniciação em um grupo; nós não certos relatos "aos outros", às pessoas de fora. Não se trata, percebe-se por estes exemplos, de um saber separado; a pura neutralidade não existe; a verdade precisa de certo contexto para acontecer e ser recebida. Portanto, quanto mais denso for um evento, tanto mais o seu relato está marcada pela verdade histórica, tanto mais deverá atingir os seres humanos no coração de seu Desejo e provocar neles a comunhão e a festa.

## De quê estamos falando?

Voltemos brevemente ao conteúdo de relatos. O que contam as pessoas umas às outras? De que eventos falamos entre nós? Não estou tentando estabelecer uma nomenclatura racional e exaustiva, mas simplesmente a tomar consciência das conversas quotidianas.

### A natureza

Falamos da natureza, especialmente a propósito da chuva e do bom tempo. Como tudo o que é familiar, esse reflexo está cheio de significado. É como uma espécie de confissão da nossa dependência radical, embora seja também uma maneira de limitar a comunicação. Toda conversa supõe esse ambiente de luz e de noite, de água e de sol, comum a todos e ao qual todos somos sensíveis. Portanto, pode se falar, e, caso se fale apenas disso, é por que se pretende calar o resto, a não ser que a meteorologia perturbada não se torne motivo de um diálogo apaixonante por certo tempo; uma seca prolongada, uma avalanche, ou mesmo um terremoto, De toda maneira, e independentemente do nível em que se situe a narrativa, os discursos sobre a chuva e o bom tempo estabelecem, sem sabê-lo, que há uma base cósmica. O sol e a água sobre a terra e sobre os nossos corpos, mas também as secas, as tempestades, os ciclones... eis o substrato da nossa história humana.

### As rupturas

Falamos, a seguir, de nós mesmos, seres humanos. Mais acima, mencionei do significado do insignificante. No entanto, quando há narrativa, geralmente não falamos do cotidiano, mas do excepcional, daquilo que inseriu uma diferença no tecido normal de nossos ritmos, de nossos hábitos, de nossos esforços e também de nossos encontros. Falamos do corpo: contam-se os incidentes e doenças, sob a perspectiva da morte, esconjurada, temida ou, talvez, aceita. Falamos do espaço: contam-se os deslocamentos, as chegadas, as partidas; ou, ainda, as relações: contam-se os encontros, todos vistos sob o signo da comunhão ou do conflito, do amor e da guerra, e também as consequências que dai derivam. Falamos do trabalho: conta-se uma descoberta e se mostra uma obra-prima. Tudo isso e outras coisas têm em comum o fato de se distinguirem da série mais neutra da vida cotidiana e de interromperem a monotonia da sua trama. De um modo ou de outro, o ser humano ou o grupo precisaram reagir, decidir, escolher; houve uma tomada de consciência ou de palavra, que puseram em movimento as paixões, assumiram-se com liberdade as diretrizes. Ao mesmo tempo, a narrativa faz reviver o tecido da conjuntura, em parte independente dos homens, e esses momentos misteriosos em que uma vontade, que não vem de parte alguma, senão de si mesma, se impôs a essa conjuntura e a fletiu, a menos que ela lhe tenha resistido, impedindo-a de deslanchar uma lógica cega que teria arrastado tudo. A narrativa restitui este conjunto que agora assume o valor de "modelo": restabelece e preserva para memória essa estranha combinação de necessidade imperativa e de aventura imprevista que é todo evento marcante; retoma e desenvolve a linha de força e influência que este evento fez irromper. Mas, vemos uma vez mais, a narrativa não é possível, exceto na perspectiva de comunhão e de participação, e a sua verdade objetiva depende, sem dúvida, da menor ou maior capacidade de quem o recita e dos ouvintes de se unirem novamente aos misteriosos impulsos que deram forma ao evento. Por vezes, dizemos que a narrativa de certo historiador é "materialmente exata", mas que ele "não entendeu nada do que disse." Na verdade, talvez não exista uma compreensão única de um fato, simplesmente porque os protagonistas mesmos contribuíram de diferentes maneiras, e mesmo contraditórias, ao evento. Foram objeto de comemoração, por exemplo, a Frente popular de 1936 ou a Revolução francesa de 1789. Teremos uma narração unívoca desses eventos? É claro que isso é impossível. Será preciso, sem dúvida, esperar o Fim da História para compreender a verdadeira a realidade e o impacto de cada evento.

## A fé

Essa exigência de comunhão e de participação, que é inerente à narrativa, nós a reencontramos se prestarmos atenção ao fenômeno da resposta que lhe é dada ou, mais geralmente, da reação do ouvinte. O termo "fé" é aqui o melhor. Ele implica, primeiro, certa confiança, um reconhecimento da generosidade daquele que quer contar o que lhe aconteceu ou nos fazer partícipes do que ele sabe: reconhecimento de sermos chamados, que, por sua vez, é invocação e se traduz pela atenção. Na fé, há também um elemento que visa ao conteúdo: o que me é contado é verdade, aconteceu, teve um lugar, produziu tal série de conseqüências que me são indicadas. Comprometo-me não só com a pessoa que fala, mas também com o conteúdo do que ela diz. Produz-se, então, uma linguagem de adesão, uma espécie de repetição implícita da narrativa. Dizer "sim", "de acordo", "amém", signitica evitar a repetição palavra por palavra e dar um equivalente ainda que preciso: pôr-se diante da verdade dos outros e aceitá-la como própria. E se da narrativa que nos é feita resultasse algum compromisso concreto para quem a conta, é preciso que esse compromisso se torne o nosso. Comprometi-me aceitando ouvir e acreditei no que me dizem. Poderei me subtrair daquilo que vem a seguir?

Pois há uma "continuação". Se narramos para criar uma comunhão, dessa comunhão nascerá um futuro. Se reportamos entre nós a memória do passado que nos constituiu, se dermos crédito uns aos outros, não o fazemos para melhor construir o nosso futuro em função do que fomos e do que somos? A evocação renovada da memória só faz sentido se relacionada com a antecipação e projeção do futuro; caso contrário, nada mais seria que uma repetição estéril, uma lembrança nostálgica que nos alienaria de nossa vida presente e de todas as possibilidades que se abrem a ela. A narrativa da memória é uma produção do Desejo e Esperança.

O que se passou, então, em última análise, naquela noite em que nos encontramos para celebrar uma boda de ouro ou prata? Repetimos um processo de troca que marcou o longo período que queríamos comemorar; uns convidaram à refeição; outros trouxeram presentes: os meios de vida foram assim trocados e, a seguir, partilhados. Uma comunhão de corpos manifestou que as próprias pessoas se comprometiam, intercambiavam-se mutuamente: cumprimentamo-nos com as mãos, nos beijamos, rimos, choramos. Nesse momento de festa, a palavra veio, então, recuperar todo esse passado, reconhecê-lo, exorciza-lo, render graças, orientar em direção a um futuro de comunhão. Não se tratava de reconstrui-lo em seus detalhe para sempre desaparecidos, nem emprestar-lhe cores mais vivas ou diferentes daquelas que houve. A narrativa esquece, e isso é normal; ela se cala, e isso também é normal; este silêncio é perdão mútuo, conjuração daquilo que não era vida. Mas ele revela aquilo que, através de dificuldades e alegrias, a vida foi doada, recebida, restituida; por isso, ele abre faz irromper o tempo.

## A palavra além de seus limites

### A morte

Um festa de aniversário faz irromper o tempo porque celebra a vida. No entanto, não pode esconjurar a morte: a das pessoas que festejam, mais perto de seu fim que de seu nascimento; a da instituição, que não poderia sobreviver como foi no passado; a do evento marcante, cuja memória gradualmente se desfaz. Surge então uma pergunta: é preciso tomar nota desta incapacidade de esconjurar a morte, e se contentar por ter contribuído, de alguma forma, para o intercâmbio e a comunhão para a duração efêmera de uma vida? Haveria, ao contrário, um evento cuja memória não pode ser apagada, e pela qual nunca falte a ninguém a palavra, o alimento, a bebida, cuja comemoração fosse, em suma, permanente? E quem poderia evocar esse evento? E a quem deveria estar dirigido?

### Dizer os inícios

Poder-se-ia pensar espontaneamente no "começo", esse período misteriosa que designamos com um plural que, por outro lado, não é tal: "as origens". Esta momento primordial é, de fato, aquele que todos os homens contam, pelo qual todas as culturas oferecem relatos, modulados sob todos os registos em que a palavra humana tenta aventurar-se. Voltando a esse "começo", não se alcançará o ponto final, comum a todos os seres humanos e do qual eles poderiam intercambiar a memória em uma celebração universal, colhendo o ser humano em sua raiz, engajando, assim, a humanidade em seu verdadeiro caminho, visando a um "futuro" tão absoluto quanto o início?

## Paixão pela origem, paixão por si mesmo

Em todo caso esse "início" nos interessa. Seja qual for o caminho através o qual se aproxima, isso captura sempre a atenção do ser humano e não faltam vulgarizações inteligentes que põe o ser humano médio ao corrente do estado atual das pesquisas. O interesse em paleontologia e para as conjecturas que pode propor sobre as origens humanas não diminui. Em geral, não se apaixona sempre para as tentantivas de aproximação aos inícios do universo assim como fazem as disciplinas astrofísicas; a "história do tempo" é um enigma cujo mistério continua a ser estudado. Além da herança de Darwin ou as especulações inspiradas por Einstein e Max Planck, renova também a filosofia da mitologia de Schelling ou as aproximações mais fenomenológicas de Eliade ou daqueles estruturalistas de Lévi-Strauss: há decênios que o mito readquiriu direito de cidadania e se difundiu a convicção da sua importância nos dias de hoje. Enfim, se olharmos pelo lado das Escrituras cristãs, há passagens são mais analisadas que os primeiros capítulos do Gênesis?

Assim, tudo se passa como se, mais fundamental que a irredutível diversidade de abordagens, a paixão que nos faz remontar às origens fosse universal, como se essas abordagens fossem tão somente as vestes múltiplas dessa única paixão. Como se a memória quisesse retornar o mais alto e o mais anterior possível: até o ponto em que não se lembra de mais nada por não haver nada mais a ser lembrado. A paixão para o início precede e anima todos os passos em direção ao começo.

Mas o que é, na realidade, essa paixão pela origem senão a paixão por si mesmo e a preocupação com seu futuro. Antes de pensar acerca das origens do mundo, cada um de nós pensa em sua própria origem e se põe a questão sobre o próprio nascimento: como nascem as crianças, o que é a minha vinda ao mundo? Tentemos investigar mais de perto o sentido desse problema. O que ela nos indaga? Por que fazer essa pergunta sobre as próprias origens em vez de viver o presente, na memória do passado imediato que parece suficiente para orientar um futuro quase estável, humanamente falando? Admitamos ser preciso remontar à infância para que alguém compreenda e se assenhore da idade madura. Mas que sentido tem a pergunta sobre o primeiro momento do nascer, do qual não podemos certamente refazer a experiência? E isso é assim porque a pergunta sobre o nascimento não daz mais que transcrever, de forma interrogativa, a confissão de uma inquietude radical. Aquele que procura as próprias origens admite que não existiria sem ela. Reconduzir-se, primeiro pela memória e depois pela pergunta, a um ponto originário significa tentar esconjurar uma perigosa fragilidade, assegurando para si um quadro onde não haja "muito"[8], lançado nele sem parentela ou morada, mas, ao contrário, nascido de tal homem e tal mulher, titular de um nome próprio que nos distingue porque nos une, "Miguel, filho de Pedro", membro de uma família a partir da qual é possível abordar homens e mundo. Como construir um futuro, se não há um passado?

## Uma resposta em forma de relato

Mas de onde vem a resposta a essa pergunta sobre o começo, visto que não podemos reconstuir a experiência do nosso nascimento e a sua origem é muito radical em nós para que se possa dela ter memória? A resposta não pode vir que uma narrativa: é preciso que alguém me conte que me concebeu e onde eu nasci então, sou posto diante da possibilidade de crer nessa palavra que me é dita e que eu não posso relmente verificar. Assim, a angústia da minha fragilidade original não desaparece graças a um "não sei quê" capaz de transformá-la em uma segurança orgulhosa, como se eu pudesse, enfim, experimentar que sou por mim mesmo, nascido de mim mesmo, nascendo, hoje, de meu ser e da minha certeza! Essa angústia não desaparece, mas é superada quando dou crédito à narração que me é feita do meu nascimento. Àquele que me revela que sou seu filho, eu aceito dar o nome de pai; aceito, assim, ser dependente, nas minhas origens e limitado

---

[8] Vide SARTRE, *A Náusea* [*La Nausée*, Paris, 1938, p. 164]: "...j'étais de trop pour l'éternité" ("... eu era demais para a eternidade").

em seu ser, mas eu conjuro esse limite situando-me em uma linhagem e em um espaço. Ao fazê-lo, obtenho aquilo que não posso explicar por mim mesmo: a verdade da minha misteriosa natureza concreta é libertada pelo consentimento ao nascimento que eu recebi, ao nome que me foi dado[9]. A narrativa do meu nascimento, com efeito, se limita a desvelar o que eu pressentia no mistério de meu nome próprio. Como eu fiz notar no início deste capítulo, eu tenho nome próprio somente quando este me é dado; ou ainda, se trago um nome é para que possa ser chamado. Pierre Jakez-Hélias recorda esse xarada bretã: "O que você tem e que lhe pertence e não lhe serve, mas serve a mim e aos outros?" É o nome que me foi dado e com o qual estou à disposição dos outros para que me chamem; é apenas pelo serviço que eu encontro a mim mesmo. Reencontramos em Levinas e sua definição de ser humano como responsabilidade: respondere, é ser; crer, é existir. A alegria dos aniversários é, então, o sinal desse consentimento, a festa que me reintegra na parentela e no meu espaço, graças à memória do meu nascimento, torna presente na narrativa de minhas origens assim como no nome que trago. Ela é também a celebração da minha esperança, abertura ao tempo que avança.

## A palavra das origens

A questão geral das origens dá forma última e universal à questão mais limitada do nascimento. Eu sou "Miguel, filho de Pedro",

---

[9] Essas reflexões, que no fundo são muito simples, se inserem nas grandes interrogações sobre a angústia. Lembremos de Kierkegaard e seu conceito de angústia como condição preexistente à queda e que a determinou; lembremos da obsessão heideggeriana do retorno ao originário, o qual, embora sempre presente, permanece oculto no desenvolvimento. O originário nunca é superado, pois é ele que soa, em surdina, nas peripécias da originado. Quando uma criança procura seu pai, ele pressente que a separação paterna é uma parte do que soa nela. Enquanto não der crédito à narrativa da sua própria origem, lhe faltará uma base essencial para equilibrar sua linguagem e sua ação. O ponto que se deseja esclarecer aqui é que a resolução da angústia não pode vir de um esforço intelectual de quem a padace, mas da narrativa que ouve e à qual dá crédito. Santo Tomás de Aquino disse algo parecido ao afirmar: "se alguém quisesse acreditar apenas no que ele conhece, ser-lhe-ia impossível viver neste mundo: como poderia viver se não acreditasse em alguém? Não acreditaria sequer que o homem que, de fato, é o seu pai, é mesmo o seu pai". (*In Symbolum Apostolorum*, cap. 1).

mas quem é Pedro? O pai não é mais absoluto que o filho e a garantia fornecida pela revelação da filiação ainda é muito parcial, assim como corre o risco que se corre ao aceitá-la. O filho é irmão, o irmão é primo: há os colaterais, mas até que ponto? Os descendentes, mas até quando? Há os amigos, os colegas, os grupos aliados e os hostis aos quais, de espaço em espaço e até os confins da terra, cada vida individual está conectado e sem os quais não ela não tem sentido. Os relatos que me concernem ou que concernem a meu grupo não são mais que uma pequena parte do que as pessoas contam umas às outras. A memória universal da humanidade é o verdadeiro horizonte de toda memória pessoal ou coletiva de grande envergadura.

Mas, se isso é assim, podemos viver e morrer, ou seja, cobrir um segmento de tempo evoluindo numa porção de espaço, sem ouvir uma palavra sobre o Começo e, talvez, sobre o Fim, sobre o mundo habitado e as fronteiras do cosmos? Ou bem seria preciso remontar ao infinito, de um fragmento de história a outro, e, se se trata do futuro, comprometer-se se apenas a curto e médio termo, sem a inquietação de um eventual alcance absoluto do agir humano?

Que existam tentativas de representação científica das origens, mais ou menos articuladas àquilo que chamamos "utopias" do fim, e que, em outras culturas, as representações míticas se interessem de forma privilegiada pelo começo, isso basta para nos convencer de que não podemos nos contentar em viver de uma Memória parcial e de uma antecipação limitada. No entanto, podemos nos perguntar se a ciência e o mito respondem realmente a essa questão latente sobre as origens e sobre o fim. Sabem, com efeito, dizer ao ser humano o que lhe deu o nome de "homem" e a quem deve ele responder?

## O relato científico

A representação científica é, com efeito, antropocêntrica, enquanto a questão sobre começo exprime a convicção não formulada, talvez inconsciente, que tem cada um de nós de não sermos o centro. A ciência moderna, de fato, deslocou, mas não anulou, o antropocentrismo, É verdade que a terra é apenas um modesto planeta que gira em torno de uma estrela de média grandeza. Resta, contudo, que esta a partir deste planeta que o ser humano descobre a pluralidade de mundos, sem que nenhum deles, até agora, tenha se revelado capaz de abrigar vida e muito menos a espírito; a hipótese generosa de outros mundos eventualmente habitados não a consciência presente de entender, até certo ponto, os mecanismos do cosmos, de os dominar, portanto, em certa medida. É verdade também que não somos nem o primeiro ser vivo, nem o primeiro animal que chegou a esta terra, e devemos reconhecer que todas as teorias da evolução são, *volens nolens*, antropocêntricas: a linha da vida continua em direção aos seres humanos; não podemos pensá-la senão em relação a nós. As mudanças que as visões de copernicicana e darwinista trouxeram às imagens de mundo e de humanidades não puseram fora de rota o tema da humanidade, ao menos como ponto de referência do real. Neste sentido, as ciências continuam dentro daquilo que se poderia definir de círculo antropológico, e elas não respondem à investigação essencial de "outro lugar", em que pudéssemos nos colocar, a montante mas também jusante. O sinal dessa falha é que a explicação científica não dá origem a uma festa. O estudioso da paleontologia comemorará alegremente o aniversário de seus filhos, mas nunca pensou em promover uma "festa de aniversário da Humanidade"; da mesma maneira, o astrofísico conseguiria pensar no Big Bang ou em qualquer outra expressão de "início absoluto" sob forma de uma festa. Quanto ao fim, ela parece bastante ruim: uma glaciação absoluta e depois o "buraco negro". Neste nível de ciência, tudo acontece como se não, no "início", não houvesse ninguém para dar um nome ao que nascia e como se "no fim" tudo desaparecesse. Uma diferença similar entre a celebração do mistério de um nascimento individual, significativa no contexto de uma família ou de um povo, e o silêncio coletivo sobre o mistério das origens basta para destacar a insuficiência da explicação científica de viés antropocêntrico. Essa explicação não é, decerto, insignificante, mas se inscreve necessariamente em algo de mais amplo. Aqui retornamos o que foi dito antes: no que diz respeito à narrativa e à história, o discurso científico está inscrito dentro de outro que não é tal. Mas onde encontrar esse outro discurso, verdadeiramente fundador?

## O relato mítico

A representação mítica, ao contrário, se expressa amplamente sobre os começos entendidos como nascimento, e o faz no contexto de uma liturgia que, muitas vezes, comemora tanto a entronização do Rei (homem), o retorno do Novo Ano (tempo) e o aparecimento do Mundo (espaço). Então, ela conta uma história, mais ou menos fantástica, das origens da terra e daquilo que a que enche, bem como das origens do ser humano que nela encontra a sua casa. No entanto, esta história é contada de modo nostálgico; ela pretende dar conta da origem do mal e da morte tanto quanto, se não mais, da aparição da terra e do ser humano. O mito conta mais o nascimento da morte que da vida; o ele pretende alcançar está além do nascimento humano marcado pela morte; ele pretende retornar no tempo e no espaço, desconhecidos, mas desejados e imaginados, em que reinavam a bem-aventurança e a imortalidade. Isso é o que as festas correspondentes aos mitos evocam e tendem a reconstituir, a menos que sejam celebrações de luto por aqueles tempos sagrados desaparecidos para sempre e pelos heróis mortos que nunca retornarão. Assim também o mito nos inscreve atualmente, em vida, na rede fechada e sem fissuras de uma lei ritual e de uma prática social essencialmente regressives: estas definem os comportamentos coletivos suscetíveis de estabelecer certa comunicação entre o mundo das origens e o mundo presente, do qual é preciso conjurar a morte essencial. O mito das origens condena, em princípio, toda abertura ou inovação. Não é, portanto, um mito de nascimento, mesmo se ele conte extensamente uma história das primeiras aparições da natureza e da vida. É principalmente um mito que fala daquilo que precede o nascimento, mas que tenta alcançar os que estão depois a morte. Assim, e para retomar a fórmula de Mircea Eliade, o autêntica narrativa das origens não pode se situar no *in illo tempore* e *in pulchra deserta insula*[10],

---

[10] Cf. M. ÉLIADE, *Mitos, sonhos e mistérios* [*Mythes, rêves et mystères*, Paris, 1969, p. 37-58. Paris, 1969, p. 37-58].

com o qual a narrativa mítica cria um espaço ideal, desprovido de qualquer tensão e de qualquer futuro, em relação ao qual a nossa situação atual seria apenas uma degradação.

## Palavra e festa da Criação

Se a descrição científica e a narrativa mitológica não respondem realmente ao problema das origens, que linguagem poderá responder-lhe? É evidente: assim para cada um de nós a narrativa do próprio nascimento, assim também para a humanidade a narrativa das origens. Já disse anteriormente: quando se trata de nascimento ou de morte, não existe a possibilidade de uma antecipação do evento. Deve haver uma palavra que vem por tradição e cuja festa sela a verdade: nasci e posso dizer isso porque recebi um nome, eu uso e ele é comemorado: festa. Mas a questão das origens não seria como a do nome derradeiro? Não o nome dado a uma pessoa por uma outra, porque ele este mantém sempre certa externalidade, mas o nome que une cada pessoa ao centro da sua humanidade, em uma singularidade que fundamenta todos os sinais e reúne a universalidade do gênero humano. Se meu pai me ensina (no sentido de Levinas diz que toda palavra é ensinamento) que eu nasci, se todo mundo me diz ensina que eu vou morrer, e se eu posso falar de o meu nascimento e da minha morte na fé recebida destas tradições fundamentais que me dizem respeito, quem é aquele que nos diz a cada um o seu nascimento primordial e a quem, se se trata da morto, ele pode se confiar? Será será aquele que não somente engendrou o ser humano, mas também o criou, a ele e ao mundo que o sustenta? e que pode ser a linguagem de origem e do fim, senão a resposta na ação de graças a esta revelação do dom de ser e da vida, em uma esperança mais forte que a morte? Mas o ser humano não poderia ser o ouvinte de um relato que concerne a toda a humanidade inteira e a todo o mundo existente. Como poderia um homem ouvir efetivamente um tal relato que o ultrapassa de tal maneira? o único com quem tais eventos podem realmente ser ditos e trocados é Aquele por quem este mundo veio à existência e é conduzido a um fim, Aquele cuja pessoa e a realidade se expressam para nós nesta atividade de criação e de realização que estamos tentando contar e evocar. Isso significa, em outras palavras, que o lugar próprio de evocação das origens e do fim é a festa religioso; nesta, a narrativa assume a sua última dimensão, porque é narrativa que se destina a alguém: é celebração de Deus criador, dentro da qual se desenrola a narrativa da criação. É também o reconhecimento de Deus como salvador. Ao contrário da narrativa mítica que bloqueia a origem do ser e origem do mal e busca uma impossível pureza da história, a festa que nos liberta realmente deve evocar o tempo de uma forma que possa dizer e reparar a ferida e o reabrir constantemente em direção a uma realização capaz de suscitar o desejo.

Na perspectiva que tento traçar, Deus não intervém incialmente como aquela "causa" sem a qual nada do que é contado poderia ter existido ou poderia continuar a ser. Deus é isso, mas vê-lo apenas sob esse ângulo equivaleria a inclui-lo na narrativa, como seu ponto de partida: "Deus como um dos elementos narrados". Na realidade, Deus é o interlocutor daquele que conta. Ele é o único a quem os homens se dirigem quando se trata de criação e de salvação, porque só ele pode responder a esse relato; além disso, não faremos esse relato, se o próprio Deus, por primeiro, nos tivesse dado o nome idêntico ao ser e à história através o qual podemos nos dirigir a Ele. Só Ele, que fez o Céu e a Terra, assim como os vivos que a povoam, e que se dirigiu a nós com uma palavra de aliança, pode muito bem ser invocado em espírito de troca e de comunhão – se é verdade que a essência mesma da narrativa implica a invocação, a existência na invocação. Os historiadores da religião nos dizer, nos relatos mitológicos, o Deus único e criador não nunca: ele é o Deus ocioso, *Deus otiosus*[11]. Dirigimo-nos mais aos deuses e aos demônios, aos espíritos de todos os tipos dos quais queremos invocar a influência ou assegurar a proteção. O mito e a festa que lhes correspondem não estabelecem entre deuses e humanos esse universo de linguagem verdadeira.

---

[11] M. Éliade, *História das religiões* [*Histoire des religions*, Paris, 1949, p. 53]. Mais profundamente, entraria em jogo aqui a mística grega, mas também cristã, do Deus desconhecido.

Santo Agostinho já o observada na *Cidade de Deus*[12]. Essa observação pode ajudar-nos a estabelecer a "verdadeira religião", aquela que escuta o Deus único que fala (mas onde e quando fala Ele?), aquela que responde na celebração e na ação de graças pelo princípio e pelo fim, para a Aliança e a promessa (mas quando tem lugar essa festa e quem são os que a celebram?).

## O poema das verdadeiras origens

O que propus, portanto, nisso tudo, senão que a fronteira da narrativa é a invocação? Quando a narrativa é extrema, porque se trata do início, a invocação é resposta e ação de graças; não posso me surpreender em meu primeiro ímpeto, senão aceitando o dom que recebi, e isso significa dizer "meu Pai" àquele que a deu para mim. A humanidade não pode realmente entender suas origens senão ao referir-se Àquele pelo qual ela é, descobrindo-se a si mesma como inteiramente proferida por Aquele que lhe dá o nome, o que equivale a dizer-lhe, em outro sentido, "Pai Nosso". Sem dúvida isso significa aceitar ser finito e, em certo sentido, deixar que a morte entre em nossa perspectiva (mais adiante, será preciso falar da morte: essa única palavra única designa realidades diversas e igualmente insuportável), mas aceitar ser o que se é e inscrever a própria linguagem em um caminho que a excede não seria, talvez, libertar-se para a vida?

Inscrita nesta invocação de Deus, a narrativa das origens não será completamente homogênea aos nossos outros relatos, nem totalmente heterogêneo. Ele não pode ser totalmente heterogênio, porque isso significaria que o evento original que ele reporta não teria medida compatível com a nossa existência presente e, portanto, não responde de alguma forma à sua pergunta. Ele não pode, por outro lado, ser totalmente homogêneo, porque visa a um "começo absoluto" e se articula com um "fim definitivo"; ele quer expressar um "antes" e um "depois" que têm um estatuto especial de tempo e linguagem. Vemos bem, por outro lado, quando analisamos friamente as possibilidades

---

[12] Livros IX e X, *passim*.

da nossa palavra. Com efeito, é possível dizer o princípio, e podemos pensar sobre o fim, ou seja daquilo em direção a que tende o futuro inaugurada pelo nascimento do mundo e dos seres humanos? Nossa língua é perfeitamente adaptada àquilo que somos: ela está ligada ao tempo e ao espaço, sobretudo quando se trata de contar; ora, falando da origem ou do fim, pretendemos que, em parte, escape do tempo. É-nos possível dizer um início antes do qual não havia "nada", um início absoluto e não relativo? E como falar de um fim que não será seguido por eventos homogêneos àqueles que o precederam? Estamos equipados para dizer o absoluto não-temporal da origem e do fim?

Podemos dizer, por exemplo, o momento em que, com o aparecimento do ser humano, a natureza tornou-se espírito? Para alcançar esse ponto, seria preciso dizer a natureza sem espírito e antes dele; ora, estamos na natureza penetrada pelo espírito e não podemos conceber o "antes" porque a nossa linguagem é manifestação do espírito na natureza. Da mesma forma, se queremos expressar a origem do universo com uma proposição, por exemplo, desse tipo: "O universo começou por uma explosão primitiva" nossa linguagem está à beira do não-senso e, em todo o caso, não diz o que queremos que ela diga: com efeito, significa a origem a partir da origem (o átomo primitivo) e não do originante, porque nesta linha temporal não é há, por hipótese, um originante. A linguagem tenta remontar ao instante-zero, mas não pode dizê-lo senão quando este instante-zero é, em realidade, o ponto-uno: no momento em que tal retorno se cumpre, a inteligibilidade desaparece, porque o momento zero é o primeiro de uma sucessão, e não passível de ser circunscrito em si mesmo. Alguém poderia raciocinar da mesma forma no momento do fim. Portanto, é forçoso concluir que, quando a linguagem se esforça para recitar o começo da natureza e da cultura, ela não tem sucesso justamente porque isso deriva da natureza e da cultura.

Tudo isso é verdade, mas o que dizer, enfim, senão que estamos no tempo da poesia? Não no da ciência, nem no da ficção, não no do rigor lógico ou da pura imagição, mas do que é evocação do nascimento do mundo e da liberdade, que é novamente contada a Deus na ação de graças e capaz de fornecer a qualquer outra linguagem o seu fundamento inamonível? O poema litúrgico seria, assim, a linguagem radical, a palavra fundadora a partir da qual se desenrola a história.

A pergunta sobre as origens converteu-se, assim, pouco a pouco na questão da Palavra de Deus? Onde Deus nos diz as nossas origens e o nosso fim? Onde o escutamos falar desse modo? Onde lhe damos a adesão que nos faz ser, do mesmo modo que a adesão ao seu próprio nome faz ser o ser humano? E se se trata de toda a humanidade e de todos os mundos, quem pode receber por todos essa Palavra de Deus e lhe dizer em nome de todos a palavra de ação de graças? É aqui, penso eu, que devemos voltar à Eucaristia: ela se manifesta como comida e bebida de salvação somente dentro de uma linguagem absolutamente única; uma oração dirigida a Deus em nosso nome por Aquele que nos representa, Jesus Cristo, e na qual um relato faz memória da Aliança divina e da Criação que nos permitem ser. A esta palavra que dedicaremos os próximos dois capítulos: primeiro, analisaremos o desenvolvimento desta linguagem única e depois retornaremos a falar sobre os eventos que ela conta por meio da oração que dirige a Deus. Podemos, então, retornar, em um capítulo posterior, ao alimento que nos é dado nesta festa da linguagem.

## Oração Eucarística III

Na verdade, vós sois santo, ó Deus do universo, e tudo o que criastes proclama o vosso louvor, porque, por Jesus Cristo, vosso Filho e Senhor nosso, e pela força do Espírito Santo, dais vida e santidade a todas as coisas e não cessais de reunir o vosso povo, para que vos ofereça em toda parte, do nascer ao pôr-do-sol, um sacrifício perfeito.

Por isso, nós vos suplicamos: santificai pelo Espírito Santo as oferendas que vos apresentamos para serem consagradas, a fim de que se tornem o Corpo e (+) o Sangue de Jesus Cristo, vosso Filho e Senhor nosso, que nos mandou celebrar este mistério.

Na noite em que ia ser entregue, ele tomou o pão, deu graças, e o partiu e deu a seus discípulos, dizendo: TOMAI, TODOS, E COMEI: ISTO É O MEU CORPO, QUE SERÁ ENTREGUE POR VÓS. Do mesmo modo, ao fim da ceia, ele tomou o cálice em suas mãos, deu graças novamen-

te, e o deu a seus discípulos, dizendo: TOMAI, TODOS, E BEBEI: ESTE É O CÁLICE DO MEU SANGUE, O SANGUE DA NOVA E ETERNA ALIANÇA, QUE SERÁ DERRAMADO POR VÓS E POR TODOS PARA REMISSÃO DOS PECADOS. FAZEI ISTO EM MEMÓRIA DE MIM.
Eis o mistério da fé!
— Anunciamos, Senhor, a vossa morte e proclamamos a vossa ressurreição. Vinde, Senhor Jesus!
ou
— Todas as vezes que comemos deste pão e bebemos deste cálice, anunciamos, Senhor, a vossa morte, enquanto esperamos a vossa vinda!
ou
— Salvador do mundo, salvai-nos, vós que nos libertastes pela cruz e ressurreição.

Celebrando agora, ó Pai, a memória do vosso Filho, da sua paixão que nos salva, da sua gloriosa ressurreição e da sua ascensão ao céu; e enquanto esperamos a sua nova vinda, nós vos oferecemos em ação de graças este sacrifício de vida e santidade.

Olhai com bondade a oferenda da vossa Igreja, reconhecei o sacrifício que nos reconcilia convosco e concedei que, alimentando-nos com o Corpo e o Sangue do vosso Filho, sejamos repletos do Espírito Santo e nos tornemos em Cristo um só corpo e um só espírito.

Que ele faça de nós uma oferenda perfeita para alcançarmos a vida eterna com os vossos santos: a Virgem Maria, mãe de Deus, São José, seu esposo, os vossos Apóstolos e Mártires (o santo do dia ou padroeiro), e todos os santos, que não cessam de interceder por nós na vossa presença.

E agora, nós vos suplicamos, ó Pai, que este sacrifício da nossa reconciliação estenda a paz e a salvação ao mundo inteiro. Confirmai na fé e na caridade a vossa Igreja, enquanto caminha neste mundo: o vosso servo o Papa (N.), o nosso bispo (N.), com os bispos do mundo inteiro, o clero e todo o povo que conquistastes.

Atendei às preces da vossa família, que está aqui, na vossa presença. Reuni em vós, Pai de misericórdia, todos os vossos filhos e filhas dispersos pelo mundo inteiro.

Lembrai-vos do vosso filho (da vossa filha) que (hoje) chamastes deste mundo à vossa presença. Concedei-lhe que, tendo participado da morte de Cristo pelo batismo, participe igualmente da sua ressurreição, no dia em que ele ressuscitar os mortos, tornando o nosso pobre corpo semelhante ao seu corpo glorioso.

Acolhei com bondade no vosso reino os nossos irmãos e irmãs que partiram desta vida e todos os que morreram na vossa amizade. Unidos a eles, esperamos também nós saciar-nos eternamente da vossa glória, quando enxugardes toda lágrima dos nosso olhos. Então, contemplando-vos como sois, seremos para sempre semelhantes a vós e cantaremos sem cessar os vossos louvores, por Cristo, Senhor nosso.

Por Cristo, com Cristo, em Cristo, a vós, Deus Pai todo-poderoso, na unidade do Espírito Santo, toda a honra e toda a glória, agora e para sempre. T: Amém!

CAPÍTULO III
# EUCARISTIA

Poderia parecer exagerada ou desproporcionado considerar a Eucaristia como uma espécie de "Festa de Humanidade. No entanto, não tem ela a pretensão de apresentar à nossa memória viva o Evento fundador, promessa de toda a história, de tal modo que sua vida se torne inteiramente sua expressão? O resto deste livro gostaria, entretanto, não tanto demonstrar essa consideração — o que é impossível — mas ao menos indicar que a Eucaristia é uma resposta digna de crédito à última pergunta sobre o sentido, enquanto que os capítulos precedentes tentaram dizer que ela aflorava no contexto de práticas tão comuns como a alimentação e a linguagem.

A Eucaristia cristã seria, portanto, esta narrativa, primordial e última, que evoca a origem, o desenvolvimento e o fim de cada ser humano, da humanidade e do mundo inteiro, a narrativa de que só Deus pode ser o destinatário, em uma invocação de reconhecimento. E seria também essa refeição festiva onde a invocação e a evocação tomam consistência na carne humana. Para nos assegurar disso, o quanto isso é possível, o mais simples será ler e comentar um dos texto desse Poema sem precedente chamado a oração eucarística, lançando um olhar sobre os alimentos oferecidos e consumidos aos quais ela se refere constantemente. Esses desenvolvimentos serão feitos tendo como horizonte aquilo que consideramos ter estabelecido nos capítulos anteriores, os quais encontrarão como que sua realização nesta meditação eucarística[1]. Terminaremos este capítulo com uma reflexão hermenêutica sobre o nível dessa linguagem eucarística.

---
[1] Quando se trata de problema *textual*, literatura profana, bíblica ou litúrgica, põe-se logo o problema do método. Tentarei fazer aqui uma leitura pricipalmente literária: por um lado,

## Visão Geral

### Invocação

A quem considera o desenrolar da Eucaristia sem ideias preconcebidas, ela parece se manifesta sobretudo sob o signo da invocação, da filiação reencontrada na pronúncia amorosa do Nome "Pai", no momento mesmo em que compreendemos novamente que somos filhos. Dentre todas as formas possíveis de linguagem e de discurso, ela assume aquela de oração, isto é, a da comunicação restabelecida e do reconhecimento. Ela não é sobretudo texto, mas voz, não é uma exposição, mas apelo: "Senhor, Pai Santo, Deus eterno e todo-poderoso". Todas as outras figuras de linguagem se inscrevem na invocação, periodicamente retomada e acentuada. O alcance invocativo dos termos empregados é primário em relação ao conteúdo do que é dito. Deus é Aquele a quem invocamos na ação de graças, porque ele mesmo nos invocou primeiro, "chamando-nos" ao ser e à liberdade em face dele. Sobre esse base invocativa, entregamo-nos a variações, a recitativos e outras modalidades que não são significado, mas que só assumem seu sentido dentro da invocação.

Quando nos colocamos nessa perspectiva da oração, somos de novo instados pela importância do "não-racional", nesse dirigir-se a Deus: insistência sobre palavras que são absolutamente indefiníveis, como santo ou santidade; repetição de termos que indicam atitudes muito gerais para poder ser determinadas precisamente: ação de graças, honra, louvor e glória. Todo o texto se inscreve nesses nomes, nesses clamores, nessas aclamações. Há um início que é invocação e

---

há uma análise das estruturas e correspondências do texto e uma investigação do seu movimento, e, por outro, uma atenção aos símbolos envolvidos.Essa escolha é coerente com a problemática do livro. Supõe, no entanto, certo conhecimento da história dos textos, a qual, porém, entra aqui como uma espécie de defesa contra interpretações fantasistas. O estudo histórico-crítico das anáforas, do presente como do passado, segue um caminho diferente que, poderíamos dizer, leva a conclusões substancialmente idênticas, mas as nuances valorizadas e as harmonias reveladas podem ser diferentes.Dado que há um "texto", há também "interpretação infinita", cf. P.C. Boaɪ, *A Interpretação infinita* [*L'Interprétation infinie* trad. francesa Paris, 1993]. A escolha de um método não é a condenação dos outros, mas reivindicação de que a leitura mais adequada é captada por aquela via. A hermenêutica é ao mesmo tempo una e plural.

um final, que é a doxologia, isto é, "palavra de glória", mas quem poderia definir "glória"? O interior mesmo da oração é escandido por outras palavras do mesmo gênero, exclamações que designam, invocam, exaltam, mas em última análise não querem dizer "nada", porque querem dizer "alguém", Deus, e "todos", nós, e dizê-lo em uma relação de reciprocidade entusiasta, o intercâmbio total, e por isso mesmo indefinível. Comunhão. Apelo e oração, a Eucaristia é também canto. Espera-se cantar a maior parte do texto, o que não nos surpreendente, se consiferarmos o canto como linguagem do nome próprio. Por vezes, se falta o canto, o texto, por belo que ele seja, arrisca tornar-se pesado: assim, na quarta Oração Eucarística do Missal Romano atual, recitamos uma longa descrição da História da salvação; falada, mas não cantada, ele perde um pouco do seu lirismo. Podemos esquecer que nos falamos a Deus? E Deus tem alguma necessidade de que lhe contemos em detalhes todo o bem que nos fez? Os sacerdotes e levitas do Antigo Testamento quando faziam a mesma coisa "invocavam com voz forte" (Ne 9, 4). Os relatos eucarísticos são a "canção de gesta" de Deus com os seres humanos; a música sacra da invocação lhe é essencial.

## Evocação

Ao insistir sobre este aspecto da linguagem invocativo da linguagem eucarística, apelo e canto, não quero reduzir sua referência objetiva. Dentro dessa invocação a Deus enfim restaurada, como eco da Palavra que nos criou e que nos salva, a Eucaristia evoca, em um relato muito sóbrio no qual conservou-se apenas o essencial, um Evento em que a fé cristã reconhece a Origem e a Realização dessa humanidade reconciliada, para a qual tende o nosso desejo: a morte e a ressurreição de Jesus de Nazaré antecipadas na última Ceia de Cristo com seus discípulos. Recordando diante de Deus esta história real e misteriosa, ela proclama que a nossa comunhão com Ele passa por esse momento privilegiado. Assim como o filhote de ser humano não pode entrar na vida se apropria do seu nome e da narrativa de seu nascimento, assim não podemos implantar a nossa história humana se não nos reconhecemos diante de Deus engendrados por esse evento de morte e de renascimento.

Há aí, notemos, um tipo de reversão. A busca humana, científica ou mítica, dirige-se imediatamente às questões últimas, à origem e ao fim. A Eucaristia cristã celebra, antes de mais, um Evento que em parte se localiza no tempo, e em parte é afetado pelas conotações últimas das quais, como seres humanos, temos necessidade. O Ato criador e o Destinação final serão manifestos apenas à luz de uma Morte e de uma Ressurreição. Reciprocamente, a linguagem das origens e do fim é parte integrante daquele que diz o Evento fundador. Aqui, estamos na linguagem total que ele deve proferir antes de compreender e cujo entendimento progressivo qualifica sempre melhor a sua proclamação por nossos lábios.

A evocação é, pois, essencial. Mas estamos tão acostumados a considerar os fatos em apreço em si e por si mesmos, que, por vezes, cremos que eles nos são objetivamente acessíveis fora do memória invocativa que dele fazemos, por isso convém insistir ainda sobre esse aspecto. Esquecemo-nos de que nós abstraímos de seu quadro lírico vivido a prosa da nossa palavra eucarística, e por isso a tratamos como se ela se persistisse em si mesma. Um sinal eloquente dessa tendência é a importância quase exclusiva dada ultimamente, na oração eucarística (que sequer era chamada de oração), ao "relato da instituição", que se preferia chamar "palavras da consagração", mais valorizada por sua eficácia que por seu significado. Essa insistência seletiva deu lugar mais recentemente à tentação oposta, ou seja, àquela de reduzir a Eucaristia a seus elementos de comunicação; voltaremos mais adiante a esta questão. Para concluir essas observações, digamos apenas que a palavra eucarística se situa na lembrança entre invocação e narrativa, e que é justamente isso que a torna palavra existencial; tudo o que a mutila por uma ou por outra dimensão é funesto, mas isso é também tudo o que subverte a ordem da palavra e que pretende impor o domínio do conteúdo sobre o do apelo.

### Comunhão.

Enfim, como em qualquer festa verdadeiramente humana, trocamos os alimentos aos quais esse palavra eucarística deu o seu sentido. O desejo de troca total, já registrado no convite à refeição, atinge aqui a sua plena realização, se é verdade que os alimentos dados e oferecidos realmente incarnam hoje, em nossa carne dos seres humanos, a Aliança divina e humana que se recorda e evoca a invocação da nossa oração.

## A terceira Oração Eucarística

### Um gesto feito duas vezes

Estudemos de início uma oração eucarística: a maneira com que se refere a Deus, aos seres humanos e às coisas, os registos liguísticos que utiliza, o conteúdo que propõe. Nosso objetivo será verificar, nesse texto concreto, a presença e o jogo dos elementos do discurso sobre a Origem e o Fim, estudado no capítulo anterior e de estabelecer o alcance que esse discurso assume quando dirigido a Deus e cifrado pela alimentação. Escolhi a terceira oração eucarística da liturgia romana; ela não é nem a longa nem a mais curta, e parece que é mais utilizada que as demais nas celebrações.

Se, em um estado mais antigo da Oração Eucarística, esta se apresentava como um todo contínuo, a introdução do *Sanctus* praticamente modificou a sua estrutura. Tudo se passa então como se a repetíssimos por duas vezes, perfazendo, assim, o ciclo da oração. Em um primeiro momento, uma longa invocação, na qual onde os nomes dados a Deus são múltiplos (Prefácio) e termina com uma aclamação (*Sanctus*): clamor, aclamação de uma comunidade que se expressa diante desse Deus invocado que ela reconhece como seu Deus. No interior dessa invocação do Prefácio, há uma evocação geral daquilo que Deus fez por nós e que culmina no Mistério de Cristo[2], depois rendemos graças porque esse mistério nos dá, agora e para sempre, acesso a Deus, e nos permite a aclamação: a história se torna, assim, uma confissão de Jesus Cristo. Este primeiro ciclo é como o modelo do palavra cristã: invocação, narrativa, aclamação – um pouco à maneira de um brinde, em que menção à pessoa homenageada, inclui uma evocação de seus méritos e tudo termina com uma salva de palmas!

---

[2] Essa evocação geral, que constitui o corpo do "Prefácio", pode incluir uma ênfase particular sobre um ou outro aspecto do Mistério de Cristo, de acordo com a festa celebrada, ou uma referência à Virgem Maria e aos santos, mas ainda à luz recapitulante do Mistério de Cristo.

O segundo ciclo desta oração apresenta exatamente a mesma estrutura: depois da aclamação do *Sanctus*, a invocação recomeça e a narração retoma, mais precisa e mais ampla ao mesmo tempo, e tudo termina com a grande doxologia que fecha o cânon da oração. A diferença entre os dois ciclos vem do fato que, ao "dizer" da oração no primeiro ciclo, soma-se no segundo o "fazer" da oferenda depois da refeição; a invocação e a evocação não se restringem ao discurso, mas se aplicam a coisas que estão, aqui e agora, entre Deus e nós. A comunicação entre a humanidade e Deus, significada ultimativamente sob a forma da invocação, da narrativa e da ação de graças, passa também inseparavelmente pelo pão e pelo vinho; a invocação a Deus não é determinada apenas por uma breve evocação de Jesus Cristo, mas também por meio dos alimentos que as pessoas apresentam e por gestos que se fazem: uma oblação. Veremos que é esse termo que estabelece a ligação entre a linguagem da ação de graças e a realidade da refeição eucarística. Este não explica sua virtualidade última como uma refeição senão mediante a linguagem invocativa e evocativa; reciprocamente, a linguagem da comunhão perfeita com Deus não se cumpre fora de uma relação, a um tempo prática e simbólica, com as coisas; a "terra" é essencial à liturgia.

O aspecto mais desenvolvida do texto e a presença das coisas não simplificam a estrutura deste segundo ciclo, hoje representado na liturgia latina pelas diversas orações eucarísticas atualmente em uso; dir-se-ia que, nesse texto embora curto, estão presentes todos os registros do discurso humano, os quais se articulam entre si segundo ritmos e modalidades cuja análise é delicada. O único elemento realmente consistente é a invocação; tudo é dito a Deus e diante dele. A Palavra não cessa nunca de ser dirigida a Deus e verifica continuamente o seu estatuto de discurso direto cujos elementos, em sua totalidade, visam a estabelecer uma comunicação. A oração eucarística é, portanto, em forma de comunhão e o tempo que a domina, sem exclusão alguma, é o presente desta comunhão.

### A estrutura do segundo ciclo

Para tentar identificar o ritmo dessa oração (veja quadro, p. 81-83), gostaria de chamar a atenção para duas cláusulas que se correspondem. A oração começa com uma confissão de fé que declara, no presente do indicativo, a obra feita por Deus e especifica a resposta esperada de nossa parte: *para que (o povo de Deus) vos ofereça em toda parte, do nascer ao pôr-do-sol, um sacrifício perfeito*. Esta confissão de fé desempenha de algum modo o papel de uma exposição de motivos para justifcar uma intercessão que começa logo depois ("Por isso, nós vos suplicamos...") e pede, no imperativo presente, uma ação específica de Deus sobre os alimentos recolhidos, aqui e agora, sobre o altar. Voltarei aos detalhes desses textos, assim como sobre a dupla narrativa dos feitos e gestos de Cristo, que segue a intercessão; por ora, o ponto a ser realçado é que encontramos, a seguir, uma oração de oferta que corresponde exatamente ao que foi dito ao final da confissão de fé: *nós (o Povo de Deus) vos oferecemos em ação de graças este sacrifício de vida e santidade*. O que Deus fez para que seu povo livremente lhe apresente uma oblação pura, eis o que "nós" realizamos isso agora.

Esta inclusão parece-me definir uma primeira grande unidade da Oração Eucarística, e esta retoma, como se fosse evidente, o ritmo do dom oferecido e restituído, da aliança estabelecida por meio de alimentos trocados, ritmo que, como vimos, confere à refeição humana o seu significado último. Com isto sabemos imediatamente que com Deus também a vida é dom: o sacrifício de Deus, o sacrifício dos homens, e pressentimos que quando se trata de Deus, então aquela "troca total" pressentida mas nunca realizada nos gestos humanos de aliança, poderia realmente realizar-se: divinização e ação de graças, criação e cumprimento, morte e ressurreição. O banquete de Deus e dos seres humanos.

A intercessão pode então ser retomada, mas tanto seu fundamento como o seu objeto são agora diversos e esta diferença imprime sua marca à segunda grande unidade da oração eucarística. Não se trata mais de santificação das coisas, mas de uma reunião de pessoas, e é isso, em última análise, o que se pretendia desde o início: que a comunidade humana se torne uma oblação a Deus na Aliança que comemoramos. Esta realização é pedida com palavras que põem em jogo o espaço e, depois, o tempo. Reunião nossa, aqui presentes, que acabamos de apresentar a oferenda e pedimos, por hoje, a unidade e, para sempre, a consumação escatológica da comunhão. Reunião dos outros, ausentes dessa celebração, os cristãos, e, depois, todos os seres humanos, os vivos e os mortos. Quanto ao fundamento desse pedido de unidade, não é mais apenas, como no início, a ação geral da Criação providente de Deus, mas são o Corpo e o Sangue de Cristo, que acabam de ser apresentados.

Finalmente, por uma espécie de antecipação audaciosa e como essa encontro tivesse já sido realizado, reunindo vivos e mortos, os santos e os anjos, um clamor de louvor trinitário conclui a oração, uma vez que, finalmente, a última palavra não pode senão retomar uma aclamação de alegria e louvor. Assim, o ritmo dessa oração que segue as dimensões do tempo, depois o seu enraizamento misterioso na ação criadora de Deus, até à realização no presente imediato de uma celebração pontual, e contudo recolhida em sua referência a uma história passada e um futuro absoluto antecipado. O ritmo segue também as dimensões do espaço, reportando uma visão que abraça a terra, do Oriente ao Ocidente, ao espaço concreto dessa celebração litúrgica e, novamente, estendendo-se a toda a terra as conexões concretas deste espaço litúrgico.

Retornemos agora, com mais detalhes, ao texto.

Na verdade, vós sois santo...

A primeira frase da confissão de fé forma constitui a transição entre o primeiro e o segundo ciclo de oração: ela retoma, com efeito, o reconhecimento da santidade de Deus, que acabou de ser aclamada no *Sanctus*, e faz uma infleção em direção a este mundo mediante o Nome com que chama a Deus, enquanto que este universo, reciprocamente, diz a sua orientação para Deus no louvor que é o seu último grito:

Na verdade, vós sois santo, ó Deus do universo,

e tudo o que criastes proclama o vosso louvor...

A segunda frase tenta desenvolver essa confissão. Em primeiro lugar, ao reconhecer que Deus *dá a vida e santifica todas as coisas*, e que essa ação de criação e de santificação procede de sua vida íntima, encarnando as processões eternas: *por Jesus Cristo, vosso Filho e Senhor nosso, e pela força do Espírito Santo*. No entanto, mesmo santificadas, as coisas não esgotam a atividade de Deus, a qual se estende a um povo que, ao longo do tempo (*não cessais de reunir*) e do limite do espaço (*em toda parte*) é reunido por Deus. Pois, dessa assembleia, Deus espera, como livre resposta à sua iniciativa de criação e da salvação, um *sacrifício perfeito*: como se as coisas criadas pelo Pai, por meio de Cristo e do Espírito, devessem ser tomadas nas mãos humanas e jubilosamente devolvidas à sua Fonte. Deus prepara as coisas e nos reúne; se o gesto de oferta está posto, o círculo da criação e do louvor se realiza, em um movimento que não tem fim. O admirável intercâmbio (*o admirabile commercium!*) pode produzir-se entre a Deus e o Universo: não apenas na intimidade de Deus, mas também para a própria criação enquanto tal se verifica em plenitude a lei da vida, a saber, que brotando impetuoso do ser se nutre do que é doado e não do que é conservado. Eis que aquilo que nos ensinou o convite à refeição e a troca de palavras se verifica também entre Deus e os seres humanos: a Vida é Aliança, não com relação estática, mas como ato apaixonado em que cada um dos participantes compromete tudo o que ele é. O dom da vida, em que Deus, por assim dizer, exaure a substância do seu ser para criar aquilo que não é, demanda por íntima necessidade a oferenda pura, em que nada de criado permanece sem ser restituído na ação de graças à Fonte de que tudo procede, e assim infinitamente e indefinidamente.

Esses temas de criação/santificação e da oblação pura, conferem uma ressonância realista, encarnada, material, à invocação e ao louvor que ocupam a totalidade do primeiro ciclo da oração eucarística, cuja inspiração permanece também nesse segundo ciclo. A invocação, a narrativa, o louvor são obra dos lábios: eles "dizem". A oblação é obra das mãos que "tomam e elevam" ao alto o que Deus criou com seu Dedo dirigido para baixo. Se a criação supõe o tempo e o espaço, a resposta criada não pode ser unicamente a espontaneidade atual de voz que louva, mas deve abranger também, com as mãos, a ampla espessura do mundo.

### Por isso, nós vos suplicamos...

A confissão de fé que acabamos de analisar celebra a ação de Deus no mundo das coisas e dos seres humanos, e é por isso, sem dúvida, que o texto está escrito inteiramente no presente, um presente que se poderia qualificar de " indefinido"; o ato de Deus é aí descrito sem que algum instante ou espaço sejam especificamente designados. Tudo o que aqui se diz de Deus se passa agora e sempre, sempre e agora, de modo que a oblação e o louvor possam entrar no majestoso movimento dessa ação eterna e participe da sua insondável duração. A oração seguinte opera então a passagem da ação divina confessada por si mesma à ação litúrgica que se desenrolará no presente "definido" onde nós estamos. Para nós, trata-se de apresentar agora a Deus a oblação pura. Pedimos, por conseguinte, que a ação eterna cuja grandeza, em relação ao universo das coisas e dos seres humanos dispersos no espaço e no tempo, seja exercida aqui e agora sobre as oblatas concretas que trazemos e sobre o povo particular que somos. Que a ação de vivificação e de santificação, geralmente reconhecida na confissão de fé precedente, em que se valorizam as mediações do Filho e do Espírito, torna-se consagração divina e santificação espiritual dos alimentos colocados sobre o altar, transformando-os no corpo e sangue de Cristo, que será a nossa oblação pura.

Antes de comentar brevemente o conteúdo dessa oração, devemos notar sua linguagem: na verdade, nós ainda não encontramos em nossos textos essa linguagem de intercessão que ora aparece e que continuará doravante de mesclar a sua nota, modesta e suplicante, à harmonia da nossa oração. Enquanto a invocação, pérola fina da linguagem, significa de certa maneira a comunhão da igualdade das pessoas que se chamam reciprocamente por seus nomes, a intercessão ou, como se diz no vocabulário litúrgico, a epiclese, desenvolve, ao contrário, a diferença, a separação, uma desigualdade insuperável para aquele que fala, e o que o conduz a fazer apelo à benevolência dos outros para colmartal abismo. A intercessão atualiza os aspectos da linguagem que Levinas gostava de enfatizar, quando falava da palavra como rosto, como altura, como ensinamento[3]. No momento em que a invocação do Nome de Deus comportava o projeto de uma perfeita comunhão, significada e realizada por uma oblação Pura, a consciência de um defeito, de uma falta essencial, nos faz como que recuar;

---

[3] Ver acima cap. II.

colocamos brevemente a celebração como entre parênteses, para que a possibilidade de retomá-la de outro modo, mais humildemente, com uma melhor consciência de Deus ao qual nos dirigimos: *Por isso, nós vos suplicamos*. Nessa perspectiva, a epiclese, longe de ser um elemento parcial e marginal da oração eucarística, lhe confere o seu tom. Certamente ela está compreendida entre o louvor que se desenrola na oração inicial (Na verdade, é justo e necessário, é nosso dever e salvação dar-vos graças) e a doxologia final (*Por Cristo, com Cristo e em Cristo*) e se inscreve na celebração da comunhão com Deus. Mas, ao manifestar a desigualdade dos participantes, que pode ser superada apenas pela benevolência divina à qual se dirige a humildade humana, a repetição das epicleses diz o clima de graça que domina a Eucaristia: a graça pode ser "restituída"[4] (*Nos vos rendemos graças...*) apenas se for doada, e ela só pode ser doada se for esperada. A comunhão entre Deus e a humanidade, que manifesta toda a economia da linguagem eucarística, será transfiguração e divinização; por isso ela é postulada ao mesmo tempo que é celebrada.

A intercessão, de fato, continua a suplicar que nos seja possível oferecer plenamente, isto é, que a nossa aclamação, nossa ação de graça, e as nossas ofertas supõem e apresentam o que a confissão de fé inicial designava de maneira totalizante: *todas as coisas*. A invocação plena de Deus é possível apenas se todo o ser humano, todos eles e todo o seu mundo se engajam, e de tal maneira que sua palavra assim totalizada alcance realmente a Deus e possa entrar em diálogo e em aliança com ele. Ora nós, que somos limitados no espaço reduzido da terra e dispersos ao longo do tempo, como poderemos, dar graças com um gesto única e pleno, que esteja à altura do dom que constantemente recebemos? Quais são as *as oferendas que vos apresentamos* em relação ao dom que nos é feito e do *sacrifício de vida e santidade* que nos é pedido? A Aliança seria impossível, portanto, no momento mesmo em que ela é esperada? Repetiremos a trágica história dos sacrifícios que ficam aquém da divindade e, portanto, não dão início à troca de vida? Para que a Aliança se realize, é preciso suplicar. Da mesma ma-

---

[4] "Render", do latim *reddĕre*, "restituir" (NdT).

neira com que, transpondo aqui a expressão de São Bernardo, o Verbo foi "abreviado" a fim de que a criação fosse possível, assim também, pelo contrário, é necessário que a criação se alargue, transgrida de alguma forma os seus limites e, sem deixar de ser ela mesma, possa alcançar as dimensões puras da oferta. É por isso que as oferendas apresentadas e depositadas sobre a mesa do altar para serem transformadas pela ação do Espírito Santo, enquanto os que as trazem devem ser, tamém elas, transfiguradas de modo que, mediante o Espírito, não exista mais que uma só oblação eterna: o Corpo e o Sangue de Cristo em si mesmos (isto é, referidos à sua pessoa, à sua individualidade humana, a seu Mistério de morte e ressurreição), mas também em nós e no Universo. Só então chegamos à adequação quase perfeita da palavra e do gesto, da invocação e daquilo que a fundamenta. A palavra expressa a totalidade e, como esta totalidade é transfigurada, o diálogo eterno entre Deus e a criação divinizada se instaura no presente da celebração eucarística.

A intercessão implora, portanto, uma nova intervenção da mediação de Cristo e do Espírito, que já operam na obra da criação. Por isso a epiclese atua sobre realidades muito concretas, sobre as oblatas que apresentamos, e que não são a oferta pura, mas pela ação de Deus, podem se tornar tal. O pedido foi repetido, de maneira geral (*santificar*), depois especificando o que esperamos (*a fim de que se tornem o Corpo e o Sangue de Jesus Cristo*).

## Imagens

### O Corpo e o Sangue de Jesus Cristo, vosso Filho e Senhor nosso

Talvez seja preciso nos determos um pouco nessas palavras: Corpo e Sangue evocam a morte violenta, mas uma violência da qual quase todas as pessoas de hoje não têm mais uma experiência concreta. Não a morte nos espaços da guerra, mas a pena de morte. Não muito tempo atrás, esta existia em toda a parte e a execução era pública. As palavras do Evangelho que relatam a flagelação e a crucifixão de Cristo, correspondiam a espetáculos que, na Antiguidade, eram bem conhecidos. Em tempos mais recentes e até meados do século XIX, passava-se o mesmo com outras formas de tortura ou de morte: a forca, a roda e a fogueira faziam parte da paisagem urbana. A relação com o corpo sofredor e com o sangue derramado pertence à cultura quase quotidiana, e isso pode explicar em parte a devoção à Paixão e às chagas de Cristo que se desenvolveram no Ocidente latino[5]. Não é o caso de insistir ulteriormente; no entanto, seria grave esquecer a referência real das palavras que dizemos, porque tais são as imagens que a oração eucarística associa ao Nome que designa a fonte mesma da vida. Como se o próprio ato de dar a vida e de santificar se identificasse à paixão de quem vê a própria vida ser violentamente arrebatada. Como se fazer viver e ser condenado à morte fossem, em última instância, um só gesto.

Em certo sentido, não estamos surpresos: a nossa análise do convite à refeição nos tinha revelado, gradualmente, que a essência mesma do amor e da aliança consiste em dar a própria vida para outros vivam; o ser se realiza na troca. E nós tínhamos relevado que o convite à refeição e o dom da própria vida pelos outros visam à mesma realidade, à aliança. Então, se a vida nos é dada, compreedamos que isso se dá pela morte, e se temos que dar a nossa vida, também a morte deve intervir.

## O relato da instituição

### A narrativa: fato e sentido

A essa altura da oração eucarística, precisamos da narrativa: a invocação e a intercessão requerem um relato que nos revele o enigma do Corpo e do Sangue de Cristo, o papel de sua vida e de sua morte, e nos faça entender por que e como este Corpo e Sangue são, ao mesmo

---

[5] Para dar corpo a essas observações, podemos nos reportar, no que concerne à época barroca, a PIERO CAMPEROSI, *A oficina dos sentidos* [*L'Officine des sens*, trad. francesa, Paris, 1985] e *A Seiva da Vida* [*La Sève et la Vie*, trad. francesa, Paris, 1990]. Acrescentemos aqui que as imagens de violência que são amplamente divulgados pela televisão não têm o mesmo impacto: são imagens divulgadas, virtuais, que criam um tipo diferente de distância em relação à realidade efetiva. Paradoxalmente, poderíamos dizer que, se as nossas crianças tivessem mais imagens reais da morte [violência, mas também da morte natural, normal], seriam menos atraídos pela violência.

tempo, no Espírito Santo, o dom perfeito de Deus e a oblação pura que Lhe é apresentada. A comunhão com Deus que nós buscamos,requer, portanto, a evocação de um passado preciso, *definido* e misterioso, em que encontra a chave da nossa ação de graças, o qual é preciso reviver com uma narrativa. Tal é, sem dúvida, o sentido de se incluir a narrativa no cânon da oração eucarística.

No entanto, não somos nós que tomamos a iniciativa de introduzir esta narrativa. No momento mesmo em que nossa palavra está prestes a evocar, havia um mandamento do próprio Cristo que nos disse para celebrar este Mistério, preceito expresso nessas palavras: "Fazei isso em memória de mim". Então, não se trata apenas de dizer novamente, mas de refazer. Somos convidados a repetir o comportamento simbólico de Jesus, a refeição da Última Ceia, e a entrever, nessa refeição, o que o símbolo indicava e a que ele iniciava: a morte e a ressurreição de Cristo como o caminho para a perfeita Aliança com Deus. A "narrativa da instituição" intervém, assim, como fundamento da nossa invocação do Espírito Santo, expressa na epiclese: posto que Cristo nos disse que o fizéssemos e nós queremos obedecer, o Espírito desce sobre a nossa celebração para que possamos fazer memória e oferecer o sacrifício puro e perfeito, isto é, o Corpo e o Sangue de Cristo.

Como toda narrativa, também este anula, de alguma maneira. a distância temporal entre o que Jesus disse e fez e nós que o recontamos. A narrativa representa, isto é, nos remete ao passado, mas sobretudo traz o passado à realidade do presente, a fim de dar sentido à nossa vida de hoje. Mas aqui há mais que a presença ativa de uma lembrança que recolhe uma comunidade em torno de uma evocação. A palavra é acompanhada pelos mesmos gestos de Jesus: trouxemos pão e vinho, como estavam sobre a mesa em que Jesus rendeu graças, e enquanto recitamos o que Jesus disse e fez, nós o fazemos de novo[6].

---

[6] Na realidade, tal incerteza prevalece sobre a natureza e o desenrolar preciso da Última Ceia de Jesus com seus discípulos, que não podemos pretender reproduzir os mesmos gestos de Jesus como Ele os realizou. Aliás, tal reprodução literal não faria emergir, necessariamente, o sentido daquelas ações. Nossa ação é inteiramente simbólica em relação ao que Jesus fez, assim como as narrativas da Eucaristia no Novo Testamento evocam a Ceia de Jesus mediante a sua interpretação significativa. Cf. "Alimentação e refeição nos círculos judaicos e cristãos da Antiguidade" ["Nourriture et repas dans les milieux juifs

Não apenas a atualidade da palavra relativiza, por assim dizer, o aspecto passado daquilo que é contado, mas a atualidade do gesto, e a realidade de um fazer que expressa e prolonga o dizer, criam uma nova forma de presença daquele passado invocado. A memória não incide aqui, unicamente, sobre a palavra e sobre o imaginário, mas se reconhece também ao nível dos sentidos exteriores. O pão de que falamos *é* a aquele que se toca; do mesmo modo, o vinho *é* aquele que se vê. Nenhuma palavra valoriza a distância entre o pão e o vinho de que Jesus fez uso e aqueles que tocamos aqui e agora. O tempo é como que anulado em sua própria temporalidade e o espaço como que negado em suas dimensões. A realidade das coisas em nossa mãos implica que precisamente aqui e agora ocorre tudo o que estamos contando. E se Jesus não impôs distância alguma entre o pão partido e o corpo que foi entregue, entre o vinho oferecido e o sangue que foi derramado, por que nós a imporíamos hoje[7]?

O mandamento recebido de Cristo de repetir os seus próprios gestos indica ainda o caráter de atualidade daquilo que fazemos. Se, de fato, todo evento passado existe na narrativa segundo uma nova dimensão da presença, isso não acontece naquele tempo a fim de ser contado e evocado pelo gesto: de si mesmo não inicia uma série de repetições simbólicas; um tal evento possui certamente a possibilidade de ser representado, mas esta não se enquadra na sua estrutura. Ao contrário, pertence propriamente à essência de todo gesto litúrgico o ser repetido: assim, a Última Ceia enquanto tal se insere em uma tradição de refeições significativas da Aliança, na Bíblia e nas confrarias judaicas do tempo de Jesus. Mas o que é retomado e repetido no cristianismo não é apenas uma tradição sagrada sobre refeições místicas, mas uma refeição específica, a Última tomada por Jesus com os seus discípulos e está referida aos eventos que estavam para acontecer Isso confere à repetição que se faz a plenitude de significado e de alcance

---

et chrétiens de l'Antiquité", In: Mélanges Perrot, ed. M. Quesnel — Y.-M. Blanchard — C. Tassin, Paris, 1999].

[7] Há, em toda narrativa, especialmente na narrativa eucarística, uma figura delicada da duração que continua a correr quando celebramos, mas que se acha, ao mesmo tempo, como que anulada. Tal figura temporal é, sem dúvida, aquilo que na Bíblia tem o nome de zkr. De modo mais amplo, esta parece ser essencial a uma autêntica filosofia do tempo.

que comportava a ação originária enquanto tal. Nossa Eucaristia remete ao Mistério pascal de Cristo exatamente a Última Ceia, e estabelece, portanto, para nós, no tempo e no espaço onde estamos, a Aliança eterna, fruto desse Mistério.

## A palavra e os gestos litúrgicos

Essas observações sobre a situação e a estrutura da narrativa dentro da oração eucarística nos permitirão de ser breves no exame do conteúdo da ação que então é refeita. Repetimos, portanto, enfatizando os nossos gestos por palavras que são como a "lenda", uma repetindo uma ação muito simples de Jesus sobre o pão e o vinho. Em ambos os casos, houve quatro momentos:

— pegar (a coisa);
— dar graças (a Deus) e abençoar (a coisa): duas maneiras de significar o momento mesmo da ação, aquele que consagra a coisa que é tomada e a refere a Deus na ação de graças;
— entregar (aos discípulos);
— falar aos discípulos para interpretar o dom: em primeiro lugar, quanto ao uso que é preciso fazer (comer e beber); a seguir, quanto à natureza do dom, e pela palavra "natureza" podemos entender uma indicação de realidade (este é) e uma indicação de finalidade (entregue por vós, derramado por vós).

Podemos descrever o processo, falando de início de um movimento ascendente: Jesus toma as coisas e as orienta a Deus; sua palavra dirigida a Deus declara e opera o significado dos alimentos tomados na perespectiva da relação do mundo com Deus. Em seguida, vem o movimento descendente os alimentos elevados a Deus, e por isso consagrados, são doados aos homens. A palavra indica o quão longe elas estão, uma vez que os discípulos são convidados a usá-la, mas ela também exprime o significado dessa prática: valer-se do laço com Deus estabelecido no movimento ascendente e entrar na Aliança definitiva. O termo dessa dupla seqüência é, pois, a nova e eterna Aliança, isto é, um processo de intercâmbio recíproco e definitivo entre a humanidade e Deus, com o qual entramos no próprio movimento da eterna troca trinitária.

Observemos agora que todo este processo é simbólico. Jesus toma o pão, mas fala de seu Corpo; toma o vinho, mas fala de seu Sangue; há aí uma dissociação entre o fazer, que incide sobre certas coisas, e o dizer, que incide sobre outras, mas, em realidade, esta dissociação é afirmação de unidade, porque a palavra não se contenta em exprimir o que temos à vista e remete a outra coisa, ele proclama que os gestos de elevação e de dom, feitos a propósito do pão e do vinho, remetem a outros gestos (ao ponto de se identificarem com eles) que serão feitas sobre o Corpo e sobre o Sangue: elevação do corpo, sobre a Cruz, do qual jorram Sangue e Água. A correspondência é tal que, se entrarmos plenamente no que é dito e feito a propósito do pão e do vinho, entramos também plenamente naquilo que é feito sobre o Corpo e sobre o Sangue. Um e outro orientam para a Aliança perfeita; no limite, ambos são a mesma realidade: o convite à refeição é a abertura do lado que sela a morte e abre a vida; o pão partido é o Corpo entregue e o vinho é o Sangue derramado. O que Jesus diz na Ceia é, portanto, inteiramente único, uma vez que, em seu discurso e em sua ação sobre o pão e o vinho, ele pretende alcançar realmente outra ação e ainda assim idêntica dimensão do Mistério, aquela do seu Corpo e do seu Sangue oferecidos.

### Anamnese

Se retomarmos agora, com um único olhar, o movimento completo da oração, a partir da confissão da fé inicial, vemos que ela se desenvolve sob o signo de uma presença intensa. Partimos do "presente indefinido" da ação de Deus que solicitava, em contrapartida, da nossa parte, uma perpétua oblação pura. Em seguida, o apelo ao poder do Espírito Santo tem por objeto a realização, no "presente definido" em que estamos, do *sacrifício de vida e santidade* em ação de graças a Deus criador e salvador. Esse poder se exerce pela mediação da narrativa que inicia àquela altura e que visa a um "passado definido" ao transfigurar nosso presente, em virtude da natureza mesma da narrativa: por causa da repetição dos gestos narrados, por sua referência ao mandamento que demandava tal repetição e mediante o significado e a realidade das palavras pronunciadas e dos gestos realziados por por Cristo. Encontramo-nos assim em uma inigualável economia do tempo: o passado do Mistério de Cristo investe tão profundamente o presente da nossa celebração que podemos oferecer *agora* a Deus esse mesmo Mistério, estabelecendo, assim, o regime de aliança que nos permite a invocação perfeita de seu Nome. Na oração chamada "anamnese", traduzimos em termos de pessoa (*celebrando agora, ó Pai, a memória do vosso Filho*), e de eventos misteriosos que determinam para nós uma espera (*da sua paixão que nos salva, da sua gloriosa ressurreição e da sua ascensão ao céu; e enquanto esperamos a sua nova vinda*) Aquilo que a narrativa eucarística evocava sob a forma de um alimento sagrado dado como sinal e realidade da aliança: o pão enquanto corpo entregue, o vinho enquanto sangue derramado. Esta tradução ou interpretação da narrativa gestualizada fundamenta a possibilidade de um gesto de oferta das realidades comemoradas, as quais se encontram simbolizadas e representadas nos dons ora postos sobre o altar: *nós vos oferecemos em ação de graças este sacrifício de vida e santidade.*

Todavia, o ciclo da oração eucarística não está totalmente concluído: da memória de Cristo e da oferenda de seu Mistério, é preciso passar à eficácia dessa memória em nós[8]. Fazer memória significa fazer seu aquilo que se comemora, investir-se dele, porquanto Cristo realizou esses gestos pessoais apenas para nós, a fim de que possamos pudéssemos ser nele incorporados. Eis por que, uma vez concluída a intercessão sobre a oblação pura, cujo eixo é inteiramente cristológico, uma segunda grande epiclese começa imediatamente, que se situa explicitamente entre a oblação pura do Corpo e do Sangue de Cristo e a comunhão sacramental dos alimentos postos sobre o altar. Ela se baseia no ato de Cristo e na oblação que podemos fazer mediante os dons sagrados (*Olhai com bondade a oferenda da vossa Igreja*). Ele antecipa a adesão dos discípulos que celebram hoje esta Eucaristia ao comer o o Corpo e beber o Sangue na transfiguração do Espírito (*alimentando-nos*

---

[8] Apresento agora um comentário da segunda parte do segundo ciclo da Eucaristia. Será muito breve, pois o texto supõe questões antropológicas e teológicas complexas que estão em jogo na parte cristológica da oração.

*com o Corpo e o Sangue do vosso Filho, sejamos repletos do Espírito Santo)*. A oração declara o sentido da comunhão sacramental imimente e suplica a sua realização em nós: que possamos responder ao dom que Cristo nos faz mediante o dom que fazemos de nós mesmos; que a oblação viva e santa do Corpo e do Sangue de Cristo se prolongue na oblação espiritual da comunidade que celebra, unida pelo Espírito na caridade. Trata-se de um dupla súplica ligada à comunhão eucarística antecipada: tornar um só corpo e um só espírito; ser nós mesmos a oblação espiritual, tendo em vista o consumação final já evocado na anamnese e retomada na oração que nos coloca em comunhão com os Santos do céu (*Que ele faça de nós uma oferenda perfeita*).

A memória e a oblação não param aí: se o Corpo e o Sangue de Cristo são a oblação pura que reúne o tempo e o espaço, a memória deve se estender àqueles que não estão presentes ao que se faz aqui e agora, porque estão implicados realmente nesse fazer. Assim comunhão será total na invocação a Deus: memória dos vivos e dos mortos. O conjunto pode então ser retomado na doxologia final da Cânon eucarístico, que abrange toda a oblação da ação de graças e da aclamação que glorifica. A oblação torna-se palavra e clamor, mas palavra que agora abrange a totalidade corporal de Cristo: humanidade e mundo.

Então o gesto de comer esse Corpo que nos é entregue e que nós oferecemos, e de beber esse Sangue, derramado por nós, mas que nós recolhemos por Deus, sela, dentro do nosso corpo, a Aliança eterna.

## A Festa cristã

A essa altura, poderia surgir uma pergunta. Como muitas vezes acontece quando se procura desenvolver um pouco a coerência de uma doutrina e de uma prática, percebemos, não sem algum temor, que fomos muito além do que se pensava. Atualidade da perfeita invocação de Deus, oblação pura e louvor imaculado, Mistério do corpo e do sangue, do pão e do vinho, narrativa, aclamação. Será que estamos realmente na verdade ou, involuntariamente, é claro, em algum imaginário mal demitizado?

## Eucaristia, realização das virtualidades da troca e da palavra

O pacificação da angústia sobre o sentido da Eucaristia cristã pode vir dos desenvolvimentos conduzidos nos capítulos precedentes e das conclusões a que chegaram a respeito dos comportamentos humanos mais elementares: a alimenção e a palavra. No término do capítulo sobre a palavra, parecia que todas as linguagens humanas se inscrevem necessariamente em uma palavra sem medida comum com as demais: aquela que diz respeito à origem e ao fim. Insistiu-se que tal palavra fundadora é proferida apenas em um ambiente festivo e que ela apresenta características próprias. A linguagem da origem e do fim não pode ser de tipo científico, no sentido de que esse adjetivo designa, para nós, um rigor lógico impecável; ele não pode ser mítico, no sentido de que não separa a origem e o fim do desenvolvimento que apresenta: não lhes projeta em um espaço e em um tempo fantástico, anteriores ao aparecimento do criado e do mal. A linguagem científica, muito homogênea em nossa existência diária, não pode dizer a origem e o fim, mas apenas certo número de estruturas limitadas pelo tempo e o espaço; a língua mítica, muito desvinculada da existência diária, provoca condutas estáticas e regressivas que gostariam de exorcisar não apenas o mal, mas também o tempo. Na realidade, a linguagem verdadeira da origem e do fim é uma narração típica, narração e poema ao mesmo tempo, sugerindo o momento em que tudo surge e aquele em que tudo será reconciliado e cumprido. Pertence à natureza desta linguagem que ela seja dirigida, na invocação, Àquele de quem provêm e para quem vão todas as coisas. O paradoxo é que, graças a esse "relato-oração", embora diferente de qualquer outra linguagem que possamos produzir, nossa palavra e nossa ação são liberadas pelo tempo e o espaço que estão diante de nós e onde podemos falar e produzir. De fato, nós o recebemos dAquele que no-los dá e os pomos em ação na comunhão com Ele e entre nós.

Todavia, não se pode proferir uma palavra festiva, se não a celebramos com nossos corpos e a nossa sensibilidade, se eles não significam, pela troca mútua daquilo que produziram para a vida, a comunhão que resulta não somente de uma partilha, mas de um processo recíproco de perda daquilo que se tem, para se abrir àquilo que se oferece. A este termo nos conduziu a análise da alimentação, observada nos diferentes níveis em que, diariamente, nós a vivemos. A animada troca de alimentos fornece o suporte à troca solene de palavras. Isso atesta a verdade, na medida em que comprometemos o nosso ter e nos aventuraramos à esperança.

Ora a Eucaristia cristã apresenta exatamente as características da palavra festiva dirigida a Deus, ligada a uma liturgia de oblação que está no nível do que é dito. Em um quadro em que a invocação é contínua, ela evoca o evento original e último, que é o Mistério pascal de Cristo. Ela abrange essa invocação e essa evocação em uma oblaçao em que tudo pode ser trocado entre Deus e os seres humanos: o Corpo e o Sangue de Cristo como totalidade do mundo e da história. Por essa mesma razão, a Eucaristia cristã libera nos homens o poder de fazer história: ele emancipa de toda a mitologia que desmobiliza e de todo o racionalismo que limita, permitindo o evolução da inteligência e da liberdade em um tempo e um espaço que, doravante, não estão mais privados de sentido, mas, ao contrário, se abrem à sua transfiguração.

## A Eucaristia: fim dos tempos em meio do tempo

Em comparação ao que poderia ser uma palavra e uma festa somente humana acerca da origem e do fim, a Eucaristia cristã apresenta, é preciso reconhecer, um elemento original. O que ela conta e celebra não se situa nos pontos cronologicamente inapreensíveis, do início absoluto e do fim último: Ela evoca imediatamente não o início e o fim do mundo e do tempo, mas os eventos que, ao menos em parte, podemos entender e mesmo datar em um momento dado da história universal: a vida, a morte e a ressurreição de Jesus de Nazaré. Tais eventos pertencem ao mistério das origens e do fim? A criação e o fim do mundo foram refeitos em Jesus de Nazaré? Chegamos aqui ao ponto em que a fé cristã se manifesta como fé, e nesse domínio não há mais demonstração possível. Nós só podemos responder "sim" a essas ambas as perguntas. Que Jesus de Nazaré morto e ressuscitado seja "o alfa e o ômega", ninguém o pode provar. Mas se confessar Jesus como Senhor retoma os comportamentos humanos mais associados ao absoluto de seu desejo, de sua linguagem e de seu corpo e se, enfim, ela os liberta, então é sem dúvida razoável unir-se às multidões que fizeram dEle o centro de suas vidas, verificando a veracidade desta confissão de fé mediante a liberdade que ela dá para adentrar na troca total com Deus e com os homens.

Confessar Jesus, por outro lado, não se apresenta como a celebração de passado fechado em si mesmo, que se perpetuaria apenas na memória. A narrativa que ela contém visa, ao contrário, um evento único cuja descrição não pode ser reduzida a de nenhum outro, presente, passado ou futuro. Com efeito, nela está a questão de morte e de ressurreição, isto é, de um fim e de um começo. Considerando esse mistério em sua unidade, morte e ressurreição, a Tradição cristã fala em termos de "plenitude dos tempos" ou "consumação" (fim, linguagem escatológica) e, simultaneamente, em termos de "nova criação" (início, linguagem das origens). Nossa narrativa se situa, portanto, nessa zona-limite da linguagem de que falei no capítulo precedente. Na realidade, não podemos realmente *dizer* a morte, uma vez que não passamos por ela ainda; muito menos podemos *dizer* a ressurreição, uma vez que ela é o advento de um um mundo novo: não podemos construir as palavras de nossa narrativa como fazemos ao descrever um evento totalmente situado no tempo Mas a relativa impotência de nossa linguagem não constitui razão suficiente para pôr em dúvida a realidade daquilo que evocamos; dá-se sobretudo o contrário. A morte e a ressurreição de Jesus são tanto mais reais por conta de não podermos dizê-las perfeitamente com palavras, mas apenas evocá-las e sugeri-las. Não podemos reduzi-las à nossa racionalidade – isso seria ciência — nem lhes fazer emigrar para uma região totalmente alheia àquilo que somos, pessoas de carne e de sangue – e isso seria mito. Falamos de uma morte real e de uma ressurreição real, que se tornam "históricas" em nossa linguagem, como pode ser "histórico" o que dá sentido a todo o desenrolar temporal da realidade: o começo e o fim, que, em parte, escapam deste desenvolvimento e, por outra, lhe pertencem. Finalmente, essa situação única do evento pascal, em sua realidade e em nossa linguagem, permite-nos crer que a evocação que dele fazemos na Eucaristia torna-o presente também de maneira única: não apenas como memória, mas também como realidade.

Da mesma maneira, a troca de alimentos ligada à confissão festiva de Jesus não pode ser reduzida a uma troca qualquer. Trata-se, efetivamente, de pouca coisa, porquanto nos contentamos com um pouco de pão e vinho, mas na realidade é tudo, uma vez confessamos a presença da oblação pura, Corpo e Sangue de Cristo. Aquilo que nenhuma troca de alimento ou de presentes poderia realizar, a saber, a perda total de si para dar a vida e a esperança absoluta para a receber, a Eucaristia cristã o realiza. Nela, a materialidade dos doações está à altura do evento que se confessa.

Compreenderemos melhor o estatuto próprio da palavra e do alimento eucarístico se nos concentrarmos um momento no evento comemorado na liturgia, ou seja, a morte e a ressurreição de Jesus de Nazaré. É possível responder à pergunta: de que modo tal evento pode ser considerado fundador, ao mesmo tempo que é a Origem e o Fim. Existem maneiras de operar aqui certa edification de fé, de nos alcançar alguma inteligência deste Mistério, que nos permite, por sua vez, uma celebração renovada e um ingresso mais consciente na Aliança e na história que esta opera?

# CAPÍTULO IV
# MORTE E RESSURREIÇÃO

De início, gostaria de insistir no fato de que nenhuma reflexão histórica ou teórica sobre a morte e a ressurreição de Jesus Cristo conseguem alcançar a plenitude da realidade e de sentido senão quando esses eventos são comemorados na liturgia eucarística. Já insisti bastante: a verdade de um relato não é independente da pessoa a quem se destina nem da situação do narrador. Na oração eucarística, dirigimo-nos imediatamente a Deus, retomando um relato tão antiga quanto o próprio cristianismo, sempre repetido ao longo das gerações cristãos sobre o fundamento do testemunho apostólico, que e nos restitui o evento que, no Espírito que nos inspira, consideramos fundador. Além disso, essa oração eucarística não é apenas obra da voz; que visa concretamente alimentos reais e uma refeição festiva em que se encarnam simultaneamente o dom de Deus e a resposta de fé. Neste contexto de presença e de vida, a morte e a ressurreição de Jesus não são objetos de investigação, mas proclamação que liberta nossa história e inaugura a liberdade sobre a verdade do tempo atual diante de nós. O lugar onde o Mistério pascal é recontado com mais verdade e é alcançado com mais realismo não é, portanto, o livro de teologia, nem mesmo a iniciação do catecismo; tudo isso vem antes ou depois, pouco importa, mas não assume seu valor senão relacionado à invocação viva de Deus que só se produz plenamente na Eucaristia; a História verdadeira é Poema de Ação de graças.

Da mesma maneira, há um real primado da celebração eucarística sobre a própria Escritutra, mesmo se esta entra de diversos maneiras na celebração; o escrito, embora inspirado, sempre cede lugar à palavra e ao rito, os quais também o são. As narrativas evangélicas cedem lugar, portanto, à narrativa litúrgica e nós não temos que subordinar a verdade ambrangente e o peso da realidade da nossa celebração eucarística ao exame dos testemunhos dos apóstolos sobre a morte e a ressureição de Jesus. É sobretudo o contrário é verdadeiro: a narrativa nunca é uma proclamação tão verídica como quando fazemos memória ao celebrar a Eucaristia. A Igreja, aliás, sempre praticou a "fração do pão" e Lucas nos precisa, no episódio dos discípulos de Emaús, que é lá que, em última análise, o Senhor se faz conhecer: quando a fração do pão tomou seu lugar, os comentários da Escritura feitos ao longo do caminho se iluminam, mas não antes[9]. Os próprios Evangelhos também não são "fontes de arquivos"; eles são sínteses escritas inspiradas pela fé em Jesus ressuscitado e destinadas a apoiar e iluminar a vida dessa ou daquela comunidade. Se pela mera beleza do seu conteúdo, os Evangelhos muitas vezes suscitam em um leitor, mesmo indiferente, um profundo sentimento de simpatia, eles por vezes estão à fonte de um verdadeira processo de conversão, a figura de Jesus não aparece, no entanto, em toda a sua plenitude, senão àqueles que celebram hoje na liturgia o dado da fé que era o daqueles que escreveram os Evangelhos e daqueles para quem eles foram escritas. No entanto, se é verdade que eles não são fontes de arquivo, os Evangelhos tampouco se manifestam como narrações mitológicas mesmo se neles há uma parte de reconstrução dos acontecimentos a fim de refroçar-lhes o sentido, nem a letra do texto, nem a fé com a qual o abordamos nos permitem amputá-lo sistematicamente do que diz respeito ao nível de uma narrativa homogênea, daquilo que pode ser a história de um grande homem de bem. Tal narrativa "homogênea", no entanto, que indica a dimensão humana e temporal, se acha implicada em uma sequência global, aquela da história universal. E, por sua vez, essa sequência exige, para dizer o início e o fim, o uso da linguagem que, para não ser mitológica, coloca-se no limite das possibilidades da palavra. Para algumas dessas características, a linguagem dos Evangelhos situa-se de

---

[9] Podemos notar dois fatos aqui. Por um lado, Lucas provavelmente compôs a narrativa do encontro de Emaús para valorizar o sentido da celebração eucarística da comunidade cristã à qual se dirige ou da qual ele está falando. Por outro lado, os relatos evangélicos da paixão e da ressurreição podem ter ganhado um *Sitz im Leben* litúrgico.

fato neste limite (quando ele fala de morte, de ressurreição), enquanto que, para outros, ele evoca situações humanas todos os dias; eis o mistério adequada a estes quatro escritos, mistério na celebração eucarística, assumimos completamente. Portanto, há um vai-e-vém constante e para trás entre os "santos Mistérios" e a "Sagrada Escritura".

Outra observação se impõe no limiar da nossa breve investigação sobre a morte e a ressurreição de Jesus: se a ressurreição não tivesse sido atestada pelos discípulos de Cristo, não nos interessaríamos muito na vida e na morte deste último; só nos importaríamos (e também é difícil dizer até que ponto) com seu ensino; a vida e a morte de um mestre de sabedoria tem apenas uma importância relativa em comparação com a sua doutrina e ao uso que dela podemos fazer atualmente. Mas se confessarmos que Jesus ressuscitou, então algo de verdadeiramente novo e totalmente inédito aconteceu nele; a atenção é, pois, lançada sobre a sua pessoa; sua vida e sua morte parecem estreitamente ligadas à sua mensagem, sua verdadeira personalidade também. A secular meditação da Igreja sobre Jesus Cristo está, portanto, inteiramente ligada à ressurreição como seu ponto de partida[10]; a diversdade de características que pode se revestir esta meditação é correlativa à interpretação dada ao anúncio do resurreição. Aqui, portanto, assumirei a morte e a ressurreição de Jesus como duas faces de um mesmo evento que complementam e se iluminam mutuamente.

## Morte de um, morte dos outros

Reconhecer que a importância da morte de Jesus nos é desvelada pela realidade da sua ressurreição não nos leva, contudo, à conclusão de que essa morte seria tão especial ao ponto de não depender em nada dos resultados de uma investigação geral sobre a morte. Se a morte de Jesus fosse a morte de homem, o que sabemos da morte em geral deveria, ao contrário, ajudar-nos a entrar na inteligência desta

---

[10] Cf. Agostinho: "a glória dos cristãos não consiste em crer no Cristo morto, mas no Cristo ressuscitado" [En. in Ps. 101, 2, 7] citado, com outros textos do mesmo Doutor, por B. STUDER, *Gratia Dei-Gratia Christi em Agostinho de Hipona* [*Gratia Dei-Gratia Christi bei Augustinus von Hippo*, Roma, 1993, p. 89, no.79].

morte singular. Hoje, a morte é, na verdade, objeto de muitas discussões; ela é esclarecida pela psicanálise em seu valor simbólico para o indivíduo, pela sociologia e a história dos costumes e as religiões em seu valor simbólico nas comunidades. A reflexão sobre a experiência concreta da morte, no hospital ou em outro lugar, e que, paralelamente, sobre a eutanásia, têm por sua vez conduzido ao que poderia ser chamado de uma renovação moderna da *ars moriendi*. Gostaria de me inspirar um pouco a respeito desse dado cultural contemporâneo para esclarecer a realidade humana da morte de Jesus.

Do ponto de vista das ciências humanas, a morte só pode ser vista apenas a partir dos vivos que permanecem: olhamos o que provoca a morte de alguém provoca entre os que continuam a viver e o que podemos concluir sobre a realidade do ser humano e, mais especialmente, talvez, de seu corpo. Em verdade, essa problemática é bastante adaptada aos nossos propósitos, pois acerca da morte e da ressurreição de Jesus, o que sabemos senão o que os Apóstolos testemunharam, ou seja, da experiência que fizeram em sua existência comunitária e pessoal, de Jesus morto e ressuscitado? O que iremos recordar brevemente aqui está ordenado a uma melhor recepção do testemunho apostólico.

## Os vivos e o morto

Na realidade, não sabemos nada da morte; ela mesma é o não-saber por excelência, que perfura de alguma forma o monumento sem fissura das nossas construções intelectuais e emocionais, a menos que a consciência da morte não nos ponha, ao contrário, em gurada contra a tentação de tudo organizar como se ela não existisse; ela é, então, o ponto cego que polariza silenciosamente nossas tentativas sempre ameaçadas de viver.

Ao contrário, o que sabemos é que a morte de uma pessoa é, em parte, nossa. A ruptura que se constata ao dizermos "ele deu o último suspiro", "ele morreu", "tudo acabou" nos atinge também, de modo diferente é verdade, mas, talvez, tanto quanto é atingido o próprio falecido. Consideremos de que modo podem ser vividos os momentos que precedem e seguem imediatamente a morte de alguém; estamos lá, quando de uma agonia opressora, a nos perguntar, cheios de angústia: quando isso vai terminará? O som dessa respiração, sempre mais custosa, dá ritmo à nossa experiência daquela sua morte; até esse momento, existíamos juntos, e, através de seu corpo vivo, desenvolveu-se e se entrecruzou toda uma série de relações; agora, ele está lá ainda, mas como se não estivesse; seu corpo é apenas um mecanismo usado do qual se espera que pare, e cada um dos suas pulsações destroi algo em nós também, o que vivia dele e para ele. O corpo torna-se gradualmente cadáver e essa destruição alcança em cheio o que havia de mais pessoal em nossas vidas. A morte física é uma ruptura humana; compreendemos bem, por exemplo, que a eutanásia seja, talvez, mais um remédio para a angústia dos vivos que um alívio para o sofrimento dos moribundos: queremos evitar que outro sofra, mas em parte porque seu sofrimento não nos é mais suportável. Quando chega a hora de dizer "tudo acabou", sabemos bem que, em nós, também, algo acabará. Doravante, nada poderá ser trocado com aquele que morreu; alguns trimbes de minha voz não serão mais ouvidos, alguns gestos de meu corpo vivo não serão mais feitos, certas expectativas atentas dos sentidos e do coração não serão mais mais preenchidos. Em última análise, mesmo antes do evento da história do outro, a morte não é, em um primeiro sentido, o que se ocorre em nós pelo desaparecimento de uma pessoa im importante aos nossos olhos? Justamente porque algo morreu em nós é que nós pressentimos um pouco do que foi morrer para ela. Às vezes ficamos doentes depois de um luto; então, nós experimentamos em nós mesmos algo da destruição biológica por trás da ruptura das relações humanas.

## O rito funerário

Mas não deixemos muito rapidamente o leito de morte. A respiração parou; gradualmente, os traços atormentados do rosto em agonia diminuem, eles como que estão descansados. Não acontece, por isso, embora saibamos perfeitamente a que nos ater, sermos tomados de surpresa que os olhos não se abrem sobre este rosto tranquilo? Reencontramos sua fisionomia adormecida, ela que, até há pouco, despertava e se tornava centro da vida de todos ao seu redor. Incompreensivelmente, no entanto, as pálpebras não se abrem responde e nada corresponde ao que nossos corpos vivos pretendiam continuar enviando ao seu corpo morto. Esta expectativa de uma vida que não retorna significa para nós mesmos o quanto esta vida era parte da nossa. O sepultamento acentuará este sentimento. Enterraremos aquele que perdemos, pois sabemos perfeitamente que o corpo irá se decompor e que não podemos mantê-lo; o ciclo biológico ao qual o vivo participou por tanto tempo, mas o dominando, agora que ele está morto, e que devemos devolver à terra. No entanto, a este corpo que se tornou cadáver e entrou novamente nos ritmos da natureza, nós fazemos uma toalete funerária; nós o honramos até o último momento. Isso talvez não seja lógico, mas é profundamente verdadeiro. Nós nos recusamos que doravante tudo se passe no sentido da dissolução e reconhecemos assim a realidade orgânica de cada corpo humano, ou seja, a maior ou menor prazo, a sua mortalidade. Mas o corpo ainda carrega os traços daquele que foi um corpo vivo, uma pessoa. Fazemos, então, para ele o que ele não pode fazer, mas que ele tinha tantas vezes feito conosco, vestir-se, apresentar-se. Última expressão do desejo que nos anima da presença que doravante nos foi removida. Um pressentimento também, muito mais explícito nas culturas antigas que nas culturas nossas secularizadas, que nem tudo está morto na morte, e que tratar o morto como se, de certa maneira, fosse como um um vivo, é reconehcer um outro aspecto da morte: que talvez ela não seja apenas o que parece ser e que a vida, na relidade, "não é tomada, mas transformada" como diz o Prefácio da Missa dos defuntos.

## Suportar corajosamente o luto

Assim, a morte do outro é, em parte, a nossa própria morte. Isso não significa que esta experiência está necessariamente marcada por uma ansiedade imperecível: as feridas vão cicatrizar mais ou menos e a memória do ser amado torna-se gradualmente o acompanhamento discreto de uma vida que será reorganizada sem ele. Não experimentamos, de resto, algum desconforto face às pessoas que parecem não consentir realmente ao luto, não aceitando que algo morreu nelas? Elas tentam, então, continuar vivendo com seu morto como se estivesse vivo, de uma forma que as afasta de seu presente. O mesmo desconforto se verifica no forte interesse pelas comunicações misteriosas que viriam de um Além não muito definido. A morte é em nós uma ferida; deve consentir e, além, reviver e sobreviver: intensificar as relações existentes, criar outras, reencontrar um equilíbrio do corpo e da linguagem. Não podemos trazer de volta nossos mortos; a verdadeira fidelidade consiste sem dúvida em continuar a vivermos, mas sem eles, ou pelo menos sem a presença corporal e falante que nos era tão indispensável.

## A morte, reveladora do corpo

Poderíamos retomar este conjunto de reflexões tentando valorizar o que elas nos sugerem do corpo humano: o corpo do falecido, o corpo dos que continuam a viver. Ao falar, mais acima, sobre a alimentação, tínhamos percebido o paradoxo do corpo e a dificuldade de falar dele com precisão. É preciso sustentar que o homem em seu corpo é elemento, parte de um ritmo que ele não comanda e onde estão envolvidos a terra e água, o ar e o fogo, e dizer que, em seu corpo sempre, ele se distancia destes elementos: a maneira humana de ser corporal está a um tempor banhada nesse substrato biológico e distante dele: a posição ereta, como disse, é o sinal dessa situação única: posto sobre a terra, o ser humano não pode se libertar, e nada chega a seu corpo que por sua mão guiada pela linguagem. O corpo humano nunca é coisa, mas há algo da coisa em si. A vida humana resultada do equilíbrio, no corpo, elementos e que é mais do que o item.

Quando se está ao nível do encontro humano, vemos também que um corpo vivo nunca é percebido apenas como corpo, como elemento, fora dos sinais externos que ele produz, dos contatos que realiza, das trocas contínuas não apenas com a terra, mas com os outros seres vivos: são pessoas que se encontram. No entanto, nenhuma relação se realiza senão dentro de um substrato biológico que é preciso manter em sua vida e sua saúde. E os dois aspectos são um só; as doenças físicas são, muitas vezes, expressão corporal das ansiedades do encontro humano, enquanto insufiências do encontro podem vir do mau estado das funções orgânicas.

A morte intervém no momento em que o corpo deixa de estar com e para os outros, mas nesse preciso momento, ele deixa de ser corpo humano sobre a terra; ele não é mais uma unidade viva no ritmo da natureza viva; em realidade, não há nem mesmo o corpo, mas um cadáver que retorna à Terra. Quanto aos que circundam o leito de quem morre, eles decerto são o corpo, por seu tamanho, peso, saúde aparente ou real, em torno de quem "não é mais", mas eles estavam também por tudo o que suas relações com o morto tinham inscrito em sua carne; algo seu corpo vai, portanto, morrer e quem o poderia ressuscitar?

Essas breves reflexões sobre "morte de um, a morte dos outros enfatizam que ninguém morre só, mas que, na morte, leva-se algo da vida dos outros – ao menos daqueles que realmente estavam relacionados com o falecido; é justamente por este por aquilo que morre em nós que podemos entrever o mistério da morte daquele que morre totalmente. Poderíamos tirar a conclusão de que, se alguém ressuscita, não ressuscitaria sozinho? Mesmo se alguém próximo escapa de uma longa e dolorosa doença e chega o dia em que estamos seguror de que todo o pior já passou, as pessoas que são íntimas sentem que também retornam à vida. O que aconteceria, então, se se tratasse de Jesus Cristo?

## Morte e ressurreição da Comunidade

Antes de considerar, se isso é possível, o que foi em si mesma a morte de Jesus, podemos reconhecer o que ela foi para a comunidade. Esta se mantinha inteiramente graças à pessoa de Jesus; seus membros foram discípulos do Mestre, os filhos do Profeta, mas sobretudo, talvez a jovem força entusiasta (mas já provada e perseverante, Jo 6, 67-69) dAquele iria instaurar novamente o Reino de Deus. É por sua linguagem, suas atitudes, sua maneira de ser, seus gestos de poder como de humildade que Jesus tinha agrupado estes homens por uma irradiação e uam operação cujo princípio era o seu corpo. O efeito de sua prisão, seu "tomada de corpo" tinha sido normalmente inversa: uma dispersão frenética. Quando Jesus morre e é descido da Cruz, seu cadáver é como um sinal do estado de sua comunidade: corpo inerte e mudo, liberado da sua relação humano com o mundo e com as pessoas, pronto para ser devolvido à terra. Entre os discípulos (podemos ainda falar em comunidade), há uma tristeza mortal cujo eco foi preservaqdo em certas cenas dos Evangelhos: tristeza por ter perdido, vergonha de não ter seguido. Com tudo isso, muito prosaicamente, muito humanamente, os seguidores de Jesus temiam por suas próprias vidas; mesmo antes da morte de Jesus, houve uma fuga de discípulos e a negação de Pedro; depois, houve o local trancado em cujo fechamento temeroso reuniram esses homens agora privadas da sua razão de existir juntos, Como o corpo de Jesus, abandonado pela vida, é encerrado no túmulo, e a comunidade, privada de toda respiração interior, está fechado em uma sala, à espera que os homens que a compõem possam, um a um e futivamente.... deixá-la sem chamar a atenção. O que os teria mantido unidos uns aos outros, pois aquele que lhes havia reunido estava morto e que sua morte fizera morrer de alguma maneira o ser seus de discípulos e sua missão de enviados? Cada retornaria a si mesmo, carregando em seu coração uma ferida, a de uma imensa esperança incompreensivelmente desapontada, e uma lembrança amarga, a de um homem amado e de companheiros de alguns meses que haviam crido nele. Assim, a morte de Jesus foi, de forma idêntica, a morte de seu grupo, uma vez que a relação de seus discípulos com ele e entre si que desapareceu no momento mesmo em que sua respiração o deixou.

Estranhamente, porém, a comunidade continuou. Ele não só se manteve por algum tempo, como uma ou outra dessas "escolas dos profetas" do Antigo Testamento, conservando por algumas décadas a memória de um homem de Deus, mas especialmente o texto de suas palavras e o conteúdo do sua doutrina e de sua inspiração. A comunidade de Jesus conservou a consciente de sua missão para o Reino e se desenvolveu ao ponto de fazer constantemente "memória" dele, e de crer que ela tinha as promessas de vida eterna assim como uma missão universal no espaço e no tempo. E, apesar das vicissitudes e divisões, presentes desde o início, esta comunidade superou o desgaste do tempo; ela ainda está viva entre nós. Enquanto a morte de Jesus, envolvendo a interrupção brutal de sua obra e, finalmente, o fracasso de sua missão, deveria ter por primeiro consequência a morte de seu grupo, o qual, pelo contrário, se manifesta bem vivo. Essa "ressurreição" da comunidade não remete então à "ressurreição" do próprio Jesus, e essa transfiguração da comunidade, em sua extensão e em seu ideal, não é uma extensão da a transfiguração do Cristo?

## Aparição e desaparição

Gostaria de aprofundar esse tema do exato paralelismo entre o destino de Jesus e o de sua comunidade, estudando um pouco a ideia e a realidade da "aparição". Costumamos falar, de fato, da realidade ou não das aparições de Jesus a seus discípulos como se o sentido da palavra em si fosse bastante clara[11]. Mas talvez seja preciso uma investigação mais precisa.

### O rosto e a aparição

Devemos voltar ao fenômeno do olho e visão. O que parece de fato se olha e se vê. Ao tratar sobre a palavra, em um capítulo anterior, eu recordava que Levinas a compara com rosto: não o rosto em si mesmo que divisamos como uma coisa, mas ao rosto de que se leva em conta a "altura", àquele que se dá a ver e que não se fixa. Na verdade, o nosso primeiro olhar seria tentado a divisar, mais ou menos segundo a intensidade do interesse ou da curiosidade. Esse primeiro olhar traz consigo uma pergunta do tipo: "Como isso é feito? A quem se parece?" o que está bem perto de uma questão mais neutra ainda: "Como isso é feito? A que isso parece?" Esta maneira de olhar tem algo de destrutivo: desnuda, desarticula, desfigura; se tomarmos cuidado, não restaria mais rosto algum quando tivéssemos olhado, nem ao ser olhado reduzido a uma coisa para nossos olhos, nem para nós mesmos, que teríamos destruído o mistério escondido o rosto expôs, mas sem ir ao fim da revelação.

Deixamos de fitar um rosto no momento em que a beleza escondida nos obrigada a isso, por sua própria radiação, quebra, em nós, o

---

[11] De minha parte, penso que as aparições de Jesus realmente ocorreram. Isto correspondia à mentalidade religiosa do mundo em que viveram os discípulos, que não eram iniciados na críticas. O melhor meio para que Cristo engendrasse a fé na sua ressurreição não consitiu nessa educação pela aparição/desaparição cujo sentido tento analisar agora?

egoísmo. E talvez isso aconteça na maioria das vezes quando nosso olhar indiscreto e curioso reencontra o olhar do rosto que fitávamos: olhar surpreso, desarmado, indignado, mas na melhor das hipóteses, olhar que nos vê bem e não nos fixa. Ela atravessa nossa face, enquanto que a nossa insistência inscreta não conseguiu descobrir a sua. Esta descoberta é cheia de doçura, a ponto de transformar nosso próprio olhar e de provocar a aparição de nosso verdadeiro rosto, quando Natanael é convidado a "vir e ver" Jesus, ele chegue sem dúvida com um olhar curioso, mas ele basta para que Jesus o olhe para que esse encontro seja diferente (Tn 1_; 45-51). Aqui se reverte a comparação de Levinas, que nos disse: a palavra é como um rosto; o rosto, com efeito, que olha e é olhado também como uma palavra; ele é, por qualquer expressão, um endereçamento criativo e todo o conjunto uma passividade que espera ser criada pelo olhar do outro.

## O rosto de Jesus

Enquanto estavam com Jesus, os discípulos tinham que viver essa conversão do olhar e essa transfiguração do rosto. Duas coisas, todavia, os impediam talvez de ir ao fundo dessa manifestação: por um lado, o seu desejo mais intenso, provavelmente, iria para a restauração de Israel em sua glória de Povo eleito finalmente enfim saído de sua humilhação. Um tipo de preconceito acompanhava assim todas as manifestações de Cristo e sua própria compreensão de si mesmos; certo pensamento da salvação de Israel servia, de alguma maneira, de filtro ou malha interpretativa para tudo o que eles viram e ouviram. Como diz São Paulo, um véu ainda estava sobre os seus corações impedindo uma total penetração do olhar (2 Cor 2, 14-16); eles queriam muito que o Messias tivesse certa aparência a fim de verem plenamente a realidade de Jesus. O segundo obstáculo residia no que fato de que Jesus estava sempre visível e tangível entre meio eles; nada lhes impedia de olhar para ele ou de se estreitar a ele. Por sua mera presença, Jesus estava aberto a seu desejo e a todas as interrogações que este poderia suscitar; não havia recuo. Assim, tanto por causa dessa constante disponibilidade de Cristo como desse preconceito sutil que orientou seu olhar, os discípulos não chegaram até a realidade última que, no entanto, manifestava o rosto de Jesus.

A morte de Jesus subtraía o Mestre aos olhos de seus seguidores. O cadáver foi descido da Cruz e encerrado na sepultura; daí a esperança messiânica da comunidade naufragou e a reunião dos discípulos é tão efêmera o corpo de Jesus, votado à corrupção no cavidade da rocha. Os dois fatores que sem dúvida impediram os discípulos darem toda sua intensidade ao seu olhar sobre Jesus — sua ideia preconcebida do Reino e a presença corporal sempre disponível de Jesus — desapareceu. No entanto, Cristo não estava mais lá e a comunidade está às vésperas da dispersão definitiva: a remoção dos obstáculos é, portanto, completamente inútil!

## As aparições e a comunidade

### Dar-se a ver

Esta aqui, penso eu, que o fenômeno misterioso das aparições de Jesus após a ressurreição induz em nós, maneira muito fina e delicada, a fé na ressurreição. O essencial da aparição é que Jesus se dá a ver novamente; enfatizo propositadamente a locução verbal "dar-se a ver". Alguém que está vivo não se dá a ver: é visível; caso resolva se esconder, é precisamente porque é visível e quer, em certas circunstâncias, escapar desta visibilidade; não podendo suprimi-la, a dissimula. Jesus ressuscitado supera, de alguma forma, a alternativa visível / invisível; quando aparece, ele suscita sua própria visibilidade; quando convida seus discípulos a tocá-lo, ele se torna tangível para eles. E desaparece tanto como aparece; ele se dá a ver a alguns e não a outros. Tudo se passa como se, doravante, a pessoa de Jesus penetrasse o seu corpo com tal domínio que lhe permite torná-lo sensível ou não aos outros. O olhar de Cristo é um olhar que se constitui olhar, seu corpo é um corpo que se constitui corpo, em si e para os seus discípulos; por sua vez, esta novidade prolonga e modifica, nos discípulos, a economia do olhar, do audição e da interpretação de Cristo. Os discípulos lançam seus olhos sobre Jesus e ouvem sua voz, mas apenas na medida em que Jesus se dá a ver e a ouvir, e não um momento após o outro, como antes de morrer. A relação dos discípulos com o rosto e o corpo de Jesus é certamente bem real: olhar, tocar, ouvir — não há docetismo algum, não se trata de pura aparência — mas poder-se-ia dizer que está inteiramente subordinado àquilo que a psicanálise recente chama de "desejo do Outro"; Jesus é então verdadeiramente o Outro, porque, caso único dentre os humanos, ele governa até mesmo a manifestação de seu próprio corpo aos demais. Não é um Outro que se pode encontrar ao ser procurado; encontramo-lo sem o ter procurado, encontramo-lo quando o seu desejo o mleva a doar-se, e manifestar-se em seu corpo — manifestação totalmente dependente da vontade pura de comunicação sobre a qual ninguém tem poder, senão o próprio Cristo.

## Ressurreição da comunidade

A aparição continua, então, e ao mesmo tempo modifica a relação dos discípulos de Cristo; ele reconstituirá a comunidade que estava à beira do colapso, mas de outra maneira que a do passado, pois a maneira da presença de Cristo mudou e o olhar dos discípulos, Por consequência, foi convertido; mais exatamente, é um novo olhar e uma nova audição que lhes são dadas no Espírito do Ressuscitado. Se descobrem o absoluto domínio de Jesus, eles se experimentam, gradualmente, capazes de um novo olhar sobre ele e e são habitados, mesmo em seus corpos, por uma nova relação com ele. Na verdade, a vida comum tinha criado entre Jesus e seus discípulos ligações aparentemente sólidas posto que baseadas sobre a espessura incontestável do contato sensível, e contudo frágil, uma vez condicionados pela ameaça da morte. Ora a aparição determina um regime diferente; ela atesta o poder de Jesus sobre o seu corpo e seu império sobre a sua manifestação, aniquilando a fragilidade conexa à perspectiva da morte. Inversamente, ela suprime a facilidade do contato imediatamente sensível em favor de uma nova profundidade no corpo mesmo dos discípulos: aquela do olhar e da audição criadas pela luz e pela voz de Cristo que aparece. A nova comunidade não é, pois, menos real e tangível do que foi a anterior; são as mesmas pessoas, em torno do mesmo Cristo, mas a intenção qie os une a Cristo e entre si não mais é o mesmo; é a aparição que dá a medida da transfiguração e da criação novas. É também a palavra do Ressuscitado. Jesus, entre os seus discípulos, não deixara de ensinar e de enviá-los. O Ressuscitado também fala. Ela confirma a verdade da aparição, afirmando a sua identidade, o que abre o caminho a uma reflexão nunca terminada sobre sua pessoa e sua missão. Acima de tudo, porém, ele sopra o Espírito sobre os discípulos para que eles compreendam o de que são testemunhas, e, feitos apóstolos do Ressuscitado pela experiência da visão e a autoridade da Palavra, eles proclamam o que viram e ouviram. A experiência pascal transfigura a visão, mas também liberta o testemunho: a nova criação que os apóstolos viram e que começam a reconhecer em si mesmos, torna-se, sobre a Palavra de Cristo e pela mediação do Espírito, responsabilidade pelo mundo. Embora tenha levado tempo para medir em plenitude o que eles tinham recebido no Mistério pascal, ou seja a sua realidade.

### A desaparição

A aparição refez, portanto, a comunidade em torno de Cristo e revela a sua realidade transfigurada. Ela a refaz positivamente, uma vez que os discípulos recebem um novo olhar sobre Cristo e ouvem a palavra definitiva; mas a reconstitue também, e cada vez mais, negativamente; A aparição é, com efeito, descontínua, e o que acontece entre apariçãos e mesmo depois de seu fim? "Vou pescar", disse Pedro; "Vamos contigo" replicam os outros discípulos (Jo 21, 3). No entanto, esta vida é mais comum apenas em aparência; na verdade, ela é permeada pelo Outro, por Cristo. Se o seu desejo, digamos o seu amor, por vezes, tornou esta presença visível e tangível, de onde virá, então, a sua ausência, senão do mesmo desejo e do mesmo amor? O olho que viu Cristo permanece a espera de um novo e definitivo encontro — à espera da Parusia. A seguir, descobre gradualmente que essa expectativa modifica a própria visão das pessoas e das coisas ao seu redor, também elas a espera e obscuramente tranfiguradas. Nada é mais aquilo que era, e o que será, quando o Senhor ressuscitado reaparecer, já penetra e transforma misteriosamente o que é. A aparição de Cristo suscita e inicia a aparição futura das pessoas e do mundo "em si mesmos, enfim," transformados pelo Espírito.

## A Ceia do Senhor, conexão no tempo

A completa cessação dessas aparições, durante as quais Cristo se deu a ver, desvelando mediante elas e o dom do Espírito a realidade definitiva dos homens e das coisas, encerra o tempo da visão e abre o da escuta. A diferença entre a comunidade dos apóstolos e aquelas que se constituirão a seguir e em outros lugares, está inteiramente aqui: a visão dos primeiros, mediante a palavra recebida de Cristo, torna-se palavra de testemunho; é através desta palavra ouvida que os futuros discípulos de Cristo alcançam, ao longo do tempo, o que as testemunhas escolhidas e enviadas viram de Cristo, das pessoas e do mundo. O tempo de Jesus Cristo manifesta sua centralidade, pois é o tempo da aparição e da visão; o tempo da Igreja é a hora da escuta, penetrada do Espírito. Ora, a identidade da realidade, no tempo Apostólico da visão e no tempo eclesial da escuta, é atestada pelo fato de que, tanto em um como no outro, a memória e a espera se expressam no mesmo gesto: a celebração da Ceia do Senhor. Desde as primeiras origens, a Eucaristia é o lugar da continuidade entre o tempo de Jesus Cristo e o nosso.

## Conclusão

Em suma, o que podemos constatar, em geral, do impacto de uma morte sobre o seu ambiente parece dar uma real consistência à maneira com que os escritos do Novo Testamento apresentam a ressurreição de Cristo. Poder-se-ia dizer que a Escritura testemunha duas aparições e duas desaparições sucessivos de Jesus: a sua aparição na condição de homem, dramaticamente terminada por sua elevação na Cruz; sua aparição na condição de Ressuscitado, misteriosamente terminada por sua elevação à mão direita do Pai. A estas alternâncias correspondem figuras a um tempo idênticas e diversas da comunidade de discípulos; com efeito, elas permitiram à comunidade apostólica que se constituísse, antes do mais, em torno de Jesus, depois, uma vez reconstituída, permitiram que testemunhasse o Ressuscitado, porque seus membros já traziam em seus corpos algo da nova vida dada pela ressurreição e atestada pelo Espírito. O testemunho da comunidade apostólica convida, então, aqueles que não viveram o seguimento direto de Jesus, que não viram, de longe, o drama de sua morte e não vislumbraram a sua glória, convida-os a refazer, embora em seu nível, essas mesmas experiências. Recebido no mesmo Espírito, esse testemunho os provoca a se inscreverem, mediante a sua fé, no gesto de oblação e transfiguração que foi o de Cristo, o qual arrebata consigo, no desastre e na glória, os que o seguiram. Assim, a memória dessas duas aparecições e desaparições continua viva e ela fecunda constantemente os que a proclamam: a Eucaristia é precisamente essa memória viva.

"Morrer por....".
Fenomenologia da vida dada.

### A "morte por" e sua celebração

Dentre os mortos que não são esquecidos, mas, ao contrário, fazemos esforço para guardar coletivamente a memória, há os que foram "mortos por": "morto pela pátria", "morto junto à cabeceira de seus pacientes durante uma epidemia", "morte no cumprimento do dever", assim como muitas expressões típicas que enfatizam, como nos casos citados, que a vida do próximo era mais preciosa que a sua própria vida. Que se creia ou não em Deus, estes são eventos de que não podemos nem queremos nos furtar. Estas mortes são mantidos presentes na memória por um monumento simbólico na praça da cidade ou na parede do hospital; cerimônias são realizadas com alguma regularidade a fim de celebrar este memorial: com uma música especial (a "marcha fúnebre"), discursos e finalmente, muitas vezes, a partilha simbólica de alimentos. Não podemos esquecer essas essas mortes, pois foram dom da vida: se alguém, na guerra ou em outra ocasião, deu a sua vida, isso quer dizer que a vida que vivemos, nós, seus compatriotas, é a oferta perpétua daquele que morreu; ele preferiu a nossa vidas à sua, ele correu o risco de romper o ciclo de relações com as pessoas e as coisas que chamamos vida humana para que outros possam continuar este ciclo. Por sua morte, pela morte dele, nós vivemos. Como poderíamos esquecer? Mais ainda: como poderemos viver mal, se nossa vida é fruto de sua morte?[12] É por isso que todos dos discursos diante dos monumentos incluem a renovação de um compromisso: se continuamos a viver, só o podemos fazer na perspectiva apontada pelos mortos, segundo a direção que talvez eles mesmos tenham traçado; só podemos viver conforme uma boa compreensão mútua, visto que a vida de todos é fruto de uma morte por todos.

### Limites de nossos rituais

As celebrações da memória de nossos mortos apresentam, por vezes, um lado tanto sórdido e hipócrita que vem justamente do fato de que não vivemos, em realidade, no clima de generosidade e unidade que a nossas palavras evocam. Delas participamos por por hábito, por curiosidade ou por obrigação; ouvimos com tédio uma alocução desvigorada ou sem alcance concreto, bebemos um pouco e voltamos ao cotidiano da mediocridade, das rivalidades, das inimizades e do lucro. Mas os mortos estão realmente mortos, e estão "mortos por".

Delineia-se outro limite, ainda mais grave: mesmo que as nossas celebrações fossem belas em sua ritualidade e eficazes em seu impacto comunitário, elas não farão reviver os que morreram; essa constatação evidente tem algo de trágico e, em última análise, de insuportável; Há ali como que uma derrota da vida, lá onde ela se manifestou nos paroxismos de que, por vezes, é capaz. Nunca alguém experimenta melhor a condição de estar vivo que quando sacrifica suas energias para que os outros, muitos outros, vivam e vivam melhor. Como um admirável fogo de artifício, a vida se extingue e desaparece no momento mesmo em que se manifesta mais gloriosamente; tudo se passa como se não pudesse alcançar certo nível de intensidade sem ser destruída: "a

---

[12] No final do filme *O Resgate do soldado Ryan*, de Steven Spielberg, o personagem, já velho, vai como em peregrinação ao cemitério onde repousam os que, com sua morte, permitiram que ele estivesse vivo. Com emoção e ansiedade, ele se vira para sua mulher com as seguintes palavras, que podem ser consideradas essenciais: "Diz para mim que eu vivi bem". Como poderia ter vivido mal quando outros, jovens como era ele, morreram para que ele vivesse. Como poderemos viver mal se Cristo morreu por nós? E, no entanto...

morte por", o sacrifício de si, é então um momento tanto mais efêmero quanto mais rico de vida?

Quanto a nós, os vivos, que vivemos da morte de outro, ou ao menos por causa dela, como podermos nos resolver de que nunca restituiremos o que um dia nos foi dado? O dom da vida, a "morte por" parece escapar à lei da troca, à reciprocidade da Aliança. Sem dúvida, a memória da generosidade que nos permitiu continuar vivendo nos incita, no melhor dos casos, a doar nossa vida pelos outros, segundo modalidades lilitadas, certamente, mas sempre de maneira real: a memória da morte de alguém pode, assim, intensificar o regime da troca, até o dia em que, talvez, será dado de novo a um ou a outro o "morrer por" também. Talvez a vida humana, a cada geração, seja o fruto desse heroísmo de vida e de morte que alguns conseguem sabem atingir. O escândalo, no entanto, permanece: aos mortos nada pode ser restituído; o Eclesiastes diria que também esta é uma grande vaidade.

Por outro lado, será que mortos gostariam que lhes restituíssemos a vida, caso isso fosse possível? O retorno à vida poderia ter o valor e o sabor da morte para os outros, no momento em que esta foi totalmente vista e vivida? Se alguém doou a vida até a morte, estaria disposto a reviver, ou seja, reinstaurar e continuar um nível de troca e de aliança que seria, necessariamente, menos pleno, menos total? Quem deu a própria vida e provou que viver é perder a si mesmo, como poderá retomá-la ? Nos anos trinta, Roger Vercel imaginou, para o seu romance *Capitaine Conan* um herói Grande Guerra, herói das primeiras batalhas aéreas, se tornou, depois da paz, um frequentador do *Café du Commerce*, obeso e manchado de acne rosácea; esta imagem, melhor que qualquer demonstração, sugere que aquele que "morreu por", não gostaria de voltar, mesmo que pudesse. A não ser que — e este é verdadeiro sentido do "sacrifício espiritual" dos cristãos radicado na Eucaristia — que a vida cotidiana atinge, a cada momento, a qualidade plena de um dom total da vida.

### O último paradoxo

Chegamos assim à beira do absurdo: ninguém jamais viveu melhor que neste momento em que "morria por", ao ponto de que o retorno ao normal, se fosse possível, lhe pareceria ridículo. E não é ridículo, também, essa vida que o morto nos proporciou por sua morte? Se ele não a quisesse mais, quereríamos nós, justamente quando procuramos alcançar o melhor de nós mesmos?

## Morrer e invocar

Tomado à parte, o tema do "morrer por" pode nos levar a uma região solitária, mesmo estóica: uma pessoa decidiu morrer, porque era preciso que outros vivessem; mas essa decisão – quem morreu talvez o soubesse — deixar por resolver o duplo paradoxo de uma vida que parece destruir a si mesma para atingir o paroxismo do dom, enquanto esse mesmo paroxismo não tem, omo parece, nenhum outro resultado do que conceder aos sobreviventes um de dilação, durante o qual continuarão a realizar os gestos comuns da vida, antes de eles mesmos morrerem. No entanto, a luz e a paz que circundam alguns mortos sugerem que a "morte por" pode adquirir todo o seu sentido se ela se encaixa em outra dimensão da morte. Qual?

## Da morte ao nascimento

Para compreender esse aspecto, é preciso ver que o mistério da morte, do "fim" tem um nexo com o do "nascimento", da "origem". falando da narrativa, esforcei-me para mostrar que o momento da origem é um momento de alguma forma absoluta e, em última análise, inexprimível na linguagem; é o instante em que nasce o ser humano, e isso o coloca em conjunção imediata com seu pai, que lhe dá um nome, e com sua mãe, que lhe dá o seu primeiro alimento. Assim, para alguém ser verdadeiramente a si próprio e mostrar, na liberdade o seu poder de agir, a criança deve aprender a dizer "pai", o que significa aceitar que recebe de outros, e não de si mesmo, o nome com que lhe chamam e que o distingue e o coloca em face dos outros; dizer "mãe" significa também aceitar que não tem outro alimento senão aquele que obtém da ternura de uma mulher, resposta a um pedido explícito ou silencioso. Quem não pode ou não quer dizer essas duas palavras, nunca será capaz de doar aos outros o seu nome e a alimentação. Em outras palavras, toda a vida autêntica supõe uma renúncia à independência total, uma "submissão", cujo aparente limitação em realidade libera a energia vital.

### A invocação de Deus à aceitação da morte

No entanto, esse consentimento à dependência e à interdependência, significado pelos nomes de "pai" e "mãe", por necessário que seja para permitir a vida e os encontros, não é o mais profundo que se solicita por parte do ser humano: é preciso que aprenda a dizer "Pai" Àquele de quem toda paternidade, nos céus e na terra, toma o nome (Ef 3, 15), e que dá o ser e o nome "homem". Ora esta invocação de Deus como "Pai", em ação de graças e o reconhecimento de que Ele é realmente, implica paradoxalmente o consentimento à morte, ou, o que dá no mesmo, a entrega da própria vida Àquele que é seu autor. Este ser e o nome de homem são, efetivamente, por uma parte ser e nomea de carne: O ser humano se integra em um mundo de matéria e de natureza, ou seja, em um ritmo não apenas de vida, mas de morte; é preciso, portanto, para ser humano, aceitar a morte, a qual nem o pai que nos deu um nome, nem a mãe que nos nutriu, nem ninguém neste mundo pode nos fazer esconjurar. Assim, não podemos chamar Deus de "Pai", se não damos consentimento à morte, uma vez que ela é, em última análise, o resultado de uma situação criada da qual Ele é o Princípio[13]. Mas essa nomeação e esse consentimento podem ser o caminho da vida, cujos dois momentos fundadores seriam, então, aceitar sua origem radical, que que se acha em Deus, e confiar-se a Ele por uma destinação definitiva que não depende de nós, imbricados como estamos nos ritmos naturais da vida e da morte; tais são, talvez, os maiores atos da liberdade humana, que subentendem todo o

---

[13] Não considero, no momento, a questão da relação entre pecado e morte, mas o fato de que a morte é, em si mesma, uma condição natural e, portanto, um elemento da criação. As disposições de Deus para fazer com que o ser humano escape da morte, antes ou depois do pecado, não suprimem esta relação essencial da vida com a morte para os seres desta terra, e qualquer que seja a situação concreta, é a esta relação essencial que é preciso consentir, aceitando que Deus o fez assim e que a nossa relação com Ele supõe a aceitação da nossa morte.

desdobrar-se do livre-arbítrio. O ser humano não tem solução para o problema da morte, a qual se opõe à sua sede de vida, mas como essa sede em si não vem somente dele, mas da vida que continua a crescer nele desde as profundezas que não pode controlar, ele pode confiar a sua morte Àquele que sustenta a sua vida. Assim, confiar a Deus a morte como confiara a própria vida, é precisamente dizer-lhe "meu Pai", reconhecer-se fruto do Desejo íntimo de Deus e se confiar a esse Desejo. Assim, quando se passa a vida nesse consentimento, então, no momento em que o corpo enfraquecido não deixa muito espaço às relações humanas, o ser humano encontra-se na posição de origem, mas com toda a sua história a segui-lo e com a sua liberdade ainda em suas mãos: a vida que recebeu não sabe como, pode agora devolver com um gesto que é livre. O consentimento à morte, aceitação do nome essencial e invocação do nome de "Pai", é espera do Nome (e do corpo) novo, que não se conhece ainda, mas se espera. Essa invocação final é, sem dúvida, a dimensão última da morte, que pousa a sua paz luminosa sobre aqueles que vão nos deixar.

### Morrer "por" outro e entregar-se "a" Deus

A transfiguração da morte vem, assim, do seu contato imediato com o Absoluto que é a sua origem. Quem morre entrega sua vida "a" Deus, e todos aqueles "por" quem ele morreu são entregues com ele. Será, por outro lado, que é mesmo possível "morrer por", sem que, ao menos implicitamente, tenha havido uma entrega de si "a" Quem pode tornar esse sacrifício eficaz para alguma nova vida nova? Cremos que, em todo o caso, que o Pai, havendo dado à origem o nome e o ser que se exprimem no nome recebido dos pais, doarpá a quem entrega a sua vida, o novo nome que foi, desde o início, a razão do nascimento. Por isso, se o "morrer por" se refere ao Pai "a" quem se entrega o "morrer por", então tal morte perde um pouco do seu paradoxo. Perdê-lo-ia totalmente se houvesse um tipo de vida cuja morte pudesse ser total transfiguração no seio mesmo da destruição, e cujo sacrifício permitisse aos beneficiários, não somente continuarem a realizar os gestos de uma vida efêmera, mas de se elevarem acima de si, também no ritmo diário de sua existência continuada. Mas não é esta precisamente a morte de Cristo?

## "Anunciamos, Senhor, a vossa morte"

Proclamamos liturgicamente a morte de Cristo, porque ela foi "morte por" nós: "Este é o meu corpo que será entregue por vós". "Este é o meu sangue, que será derramado por vós". Mas nossa aclamação sem dúvida vai além de uma alegre celebração, reconhecida e comprometida deste "por nós". É "para a nossa salvação", como diz o *Credo*, que Jesus deu sua vida, mas a deu "a seu Pai", e também isso deve ser meditado.

### Morte de Jesus e invocação de Deus

Jesus não morreu no campo de batalha ou no leito de um enfermo; sua cruz não tem nada de espetacular. Profeta assassinado por subversão religiosa com consequências políticas perigosas, ninguém realmente sabia se ele "morria por"[14] e os seus não parecem ter sentido muito a sua morte como o fim de um herói cuja memória os manteria juntos para a continuação da sua obra perigosa. Alguns dentre eles, talvez todos, perceberam o gosto amargo de uma tragédia da qual tinham consciência de serem mais ou menos cúmplices silenciosos. No entanto, sobre a cruz, isolado de todos os homens e, aparentemente, sem destino comum com eles, Jesus manteve na boca a invocação de Deus: "Pai, em vossas mãos entrego o meu espírito"; é neste ponto que, penso eu, ele revelou o significado de sua morte. Esta parece ter sido o lugar absoluto da invocação de Deus: dizer "Pai", não só com os lábios e o coração, mas com o corpo, no momento em que continuar a viver significaria a traição de Deus, interrupção da invocação, esquecimento voluntário do nome Pai. Jesus não foi morto com um só golpe, mas lentamente, a fim de que tivéssemos tempo de compreender. Sua morte não pode se definir, ao nível terreno, como "separação violenta

---

[14] Exceto, talvez, Caifás, se reconhecermos valor histórico em Jo 11, 50.

da alma e do corpo": é o momento em que o corpo, mais ainda que a voz, cumpre o gesto de invocação, a "consumação" dirigida a Deus.

Ao falar da refeição e, especialmente, do convite à refeição, tentei mostrar que se tratava de um símbolo no qual se descobre, espontaneamente, que a vida dos outros faz parte da nossa própria vida: tomamos dos nossos do sustento para que outros posssam viver, e por sua vez, preferimos receber os receber os alimentos mais por parte deles que de nós mesmos, Símbolo de um processo de aliança que indicaria uma espécie de paroxismo: a de que todo o nosso ser, corpo, alma, espírito seja vida para os outros e, reciprocamente, receba a vida por parte dos outros. A seguir, falando da linguagem, tentei mostrar a primazia da invocação, que é, a um tempo, reconhecimento e criação de outro, enquanto que nós temos o desejo fundamental de ser nomeados de uma maneira pessoal, sem a qual não poderíamos viver. Começamos, então, a sonhar com uma invocação tão completa que fosse capaz de reassumir, em um único nome próprio, tudo o que ser humano pode contar, inventar, construir com sua linguagem. Eis que a morte de Jesus é-nos manifestada como gesto total, em que a voz e o corpo fazem-se um na invocação, não de um homem, mas de Deus.

## Sentido da ressurreição

Com isso, começamos a perceber o que pode ser e significar a ressurreição. Evidentemente, não é possível que se trate da restituição de uma vida como a que se tinha antes da morte: vimos que tal restituição não teria sentido nem mesmo na perspectiva humana do "morrer por". Por sua morte, Jesus chegou à plenitude da invocação pura, aquela que extasia o ser inteiramente em direção a Deus. Poderia ele ser reconduzido para baixo? A ressurreição não seria mais que mais que a lembrança, comovida e eficaz, de uma "morte por", que permitiria continuar a nossa vida efêmera; não seria mais que a reunião dos discípulos de Jesus ao redor da sepultura que atestaria sua morte e definiria para nós certa arte de viver, até a morte nos alcance também. O que é, então, e onde está o mistério?

## A ressurreição, outro nome para "morrer"

A ressurreição pode parecer, à primeira vista, como a consagração ou a estabilização deste momento perfeito na vida de Cristo que foi sua morte. A morte não pode morrer, se a vemos como o que ela essencialmente é: o dom último da vida na invocação plena. Como poderia cessar tal êxtase pleno da liberdade fora de si mesma e para os outros? Seria possível que a aparência tenha razão e que esse movimento perfeito desapareça no instante mesmo em que se realiza? Em um primeiro momento, sim, foi preciso uma ruptura e a plenitude do amor só poderia se expressar pelo sacrifício[15]. Mas a ressurreição significa que, em um segundo e definitivo momento do êxtase, o ser transfigurado, expressa perenemente, e sem ter mais a ser destruído, a invocação perfeita. Tornou-se invocação, e o estado ressuscitado é aquele em que todas as potências do ser, ora reconciliadas, se unem em uma participação inexaurível à Aliança de Deus. Não se pode, portanto, imaginar o Ressuscitado em uma condição estática, como se tivesse voltado à calma e ao repouso após um paroxismo de esforço que seria distendido antes da morte enquanto tal. Se o Ressuscitado estabeleceu-se em algum lugar, este é o da imperecível invocação dinâmica do Pai, na qual ele passa inteiramente e para sempre.

## A ressurreição, invocação do Filho pelo Pai

Nessa dinâmica, contudo, ninguém, nem mesmo Cristo, pode estabelecer para si por conta própria. Quem "morreu por" realmente deu sua vida até a dissociação radical do seu ser, e não lhe cabe reatar os laços que rompeu; mas precisamente essa totalidade de dom espera uma resposta: Se a invocação é plena, como poderia não ser ouvida? E se a invocação supõe o dom da vida até o esgotamento, como a respos-

---

[15] A questão do sacrifício como dimensão necessária da liberdade e o lugar do seu êxtase exigiria aprofundamentos que não posso empreender agora. Já os esbocei em *Pode-se conhecer Deus em Jesus Cristo*? [*Peut-on connaître Dieu en Jésus-Christ?*. Paris, 1969, 236-262], desenvolvi-os em *Deus, o Tempo e o Ser*, op. cit., e os retomei no final de *História Teológica da Igreja católica* [*Histoire théologique de l'Église catholique*, Paris, 1994 II parte, cap. 2: "O mal, o tempo e a comunhão]. Esta questão realmente atravessou toda a minha reflexão teológica.

ta não conteria a vida em troca, até a Transfiguração? A Aliança não é uma estrutura inerte: ela vive em Deus, criador do mundo e Pai de Jesus Cristo, e é de Deus que se torna a lei de toda a realidade, cósmica e humana, para todas as trocas que ela instaura. A ressurreição é a resposta de Deus à invocação de Cristo e instaura em Jesus, definitivamente, a troca infinita e indefinida do ser humano com Deus: "Eu disse: Tu és meu Filho; hoje te gerei. (Cf, At 13, 33). Trata-se da definitiva transfiguração do ser humano, espírito, alma e corpo, no seio desta realidade viva, da qual, como vimos, a Sagrada Escritura falou recorrendo a imagens primitivas como ar, água e fogo: Espírito Santo.

Assim a ressurreição resolve os paradoxos que discernimos ao falar da "morte por": quem "morreu por" e, assim, alcançou o paroxismo de que a vida é capaz, em termos de densidade humana e espiritual, não gostaria de voltar a uma vida inferior. Mas se a ressurreição o constitui permanentemente na dinâmica do seu ato último, feita da oblação de si a Deus por todos os seus irmãos, não há uma vida inferior, mas realização da vida que se tornou perfeita na morte. E se ele "morreu por nós", a vida que nos comunica através da ressurreição não é apenas, mesmo que seja, a continuação de uma vida efêmera, ela já é transfiguração dessa vida cujos menores movimentos, mesmo os menos importantes, podem doravante aceder à plenitude da ressurreição ou seja, também eles podem significar e, por sua vez, a oblação pura do Povo de Deus para todos os homens. A ação de graças Àquele que morreu por nós e Àquele que nos deu este Salvador é, portanto, possível, no mesmo nível da plenitude de vida instaurada pela ressurreição. O ciclo da troca pode transformar-se em uma dinâmica inexaurível; a memória viva d'Aquele que morreu por nós é espaço sacrifical constantemente reaberto ao longo das gerações. Vemos, então, que a Eucaristia, narrativa e refeição, pode se tornar o lugar onde uma nova vida é constantemente trocada, em Cristo, entre Deus e os homens, entre os próprios homens.

## CAPÍTULO V
# O CORPO E O SANGUE

Enfatizei, diversas vezes, que os grandes símbolos da troca ou da Aliança são a "morte por", a união conjugal e o convite à refeição. Se somos habitados pelo desejo de ser, apesar das aparências não somos movido pelo desejo apenas por nós mesmos; desejamos, sobretudo, que todo o nosso ser passe a dar a vida, enquanto nós mesmos nada mais somos que aquilo que recebemos de outro Esta intenção de dar a própria vida aos outros e de receber a vida de outro finaliza desde o interior a existência humana, e anima, inconscientemente talvez, a história da humanidade. A morte, o sexo e o alimento são os grandes símbolos deste desejo: eles o dizem, realizam-no parcialmente, mas não pertence à sua constituição simbólica realizá-lo de modo pleno.

### Limites e superação dos símbolos

Falou-se acima do limite do símbolo "morrer por": por parte de alguém que dá a sua vida, ele acede à totalidade do dom e por isso tem algo de infinito, mas na medida em que não pode restituir aquilo que deu, o símbolo contém algo de unilateral e, mesmo que continue sendo objeto de esperança, a Aliança não se realiza totalmente. Ao contrário da "morte por", o símbolo do convite à refeição realiza efetivamente a reciprocidade que é essencial à troca. Um e outro dos convivas doam reciprocamente. O limite agora está na parte do que é doado; os alimentos designam um dom total de vida, mas só o realizam de maneira efêmera.

Contudo, a morte e a ressurreição de Cristo se subtraem aos limites do "morrer por" antes assinalados: como se viu nos capítulos precedentes, elas instauram a situação de troca total que é o objeto do Desejo humano. Se, então, elas investissem a refeição durante a qual são comemoradas, não permitiriam que tal refeição superasse, de algum modo, os próprios limites? Ora, esta é precisamente a fé da Igreja: confessamos que a refeição eucarística, cuja estrutura de reciprocidade é a mesma do mistério pascal de Jesus, é o lugar em que esse mistério se manifesta e se comunica, de tal maneira que também nós possamos realizar nele a exigência inscrita em nosso corpo e em nosso nome: oferecer a nossa vida para recebê-la transfigurada.

## Transignificação e transfinalização

Antes de tudo, é mediante a palavra, concretamente a da oração eucarística, que a nossa partilha de pão e de vinho é "investida" pelo Mistério de Cristo e atinge a significação absoluta da troca. A recente investigação teológica quis, com toda razão, reconhecer nisso o caso de "transignificação da refeição": o significado da aliança, inscrito em toda troca de alimento, está totalmente *designado* aqui. A invocação de Deus, a evocação do Mistério de Cristo, as intercessões feitas ao Espírito Santo dizem o sentido da troca dos alimentos e, portanto, levam este último a significar a eterna e nova Aliança, estabelecida mediante o Corpo e o Sangue de Cristo, mediante também o dom do Espírito pela comunidade.

Dentre todas as narrativas que podem ser feitos, discernimos a importância daquelas que evocam e que querem tornar presentes os eventos fundadores: as origens e o fim. Notamos também a originalidade absoluta de sua linguagem, que remonta a um passado como que inefável e antecipa um futuro cuja forma ninguém pode conhecer previamente. Esses eventos são comuns a toda a humanidade, e, se eles partilham a narrativa em suas festas, isso é dito diante de Deus; neste nível das origens e do fim, onde os projetos temporais da humanidade estão em sua primeira fonte ou alcançam a sua última realização, a troca não sedá mais entre as pessoas no âmbito de suas diversidades e a composição de sua história, mas sim com Deus, criador e salvador; é a troca fundadora, neste momento, permite o desenrolar de uma história de homens que é uma história de Deus com os eles, à espera da Cidade definitiva, cuja vida será feita da invocação do Nome de Deus mediante a evocação do Cordeiro imolado. A troca, a "Festa da humanidade", não pode ser feita senão com Deus; o que ela celebra e atualiza de novo na alegria, é a vinda dos homens à vida e a sua consumação; ela nos remete às próprias nossas raízes e nos orienta na direção de nossa realização; a partir disso, a nossa vida atual pode brotar verdadeiramente.

A Eucaristia cristã inclui, na alegre invocação de Deus, a narração da morte e da ressurreição de Jesus, celebradas como autênticos eventos fundadores da humanidade. Tentei falar do alcance absoluto desta narrativa, ligada à experiência pascal da ressurreição e à meditação do seu significado para a pessoa de Jesus, que nos representa, e para nós, que entramos no admirável intercâmbio consumado nele e indefinidamente vivo. Dirigida a Deus, a narrativa eucarística celebra a plenitude do dom oferecido e restituído em Jesus Cristo; ela diz que, nEle, toda essa substância dos mundos e dos homens é realmente assumida na dinâmica absoluta da generosidade divina e da oblação que fazemos; designa o lugar onde esta troca se perfaz: o Corpo entregue e o Sangue derramado. Verdadeiramente, portanto, ele estende infinitamente o significado da troca imanente a toda a refeição; nesse sentido, ele "transignifica" e poder-se-ia dizer, também, "transfinaliza", na medida em que a finalidade da Aliança simplesmente *visada* na troca de toda a refeição, é então *realizada* no momento mesmo que tal refeição é celebrada.

## Rumo à transubstanciação

Decerto, é preciso de ir mais além em nossa reflexão: a alegre memória de nossa salvação em Jesus Cristo é celebrada ao mesmo tempo por meio da palavra e pela troca dos alimentos. Se a narrativa eucarística tem algo único entre todas as narrativas que podemos fazer, o que deveríamos dizer então do alimento? Se a narrativa reporta ao presente da palavra exultante o acontecimento realizado mediante e em Jesus Cristo, talvez possamos dizer que a refeição reporta à presença da carne e do sangue a humanidade sofredora de Cristo, que vimos ser única no mundo em que os que falam e comem podem se tornar, também eles, oblação?

Por outros termos: no plano da linguagem e da narrativa, a figura eucarística é única; o evento de alguma maneira absoluto não pode ser celebrado por uma linguagem comum; todos os registros da palavra encontram-se realmente presentes, harmonizando uns com os outros de modo a formar um poema religioso sem equivalente: a palavra proferida no tempo alcança, então, o mais perto possível, a pureza e a extrema riqueza do Verbo. Esta unicidade, verdadeira ao nível da linguagem, não se encontrará talvez também no plano dos alimentos? Lá, os fonemas, as palavras, a entonação, as frases se unem para emitir uma palavra que acede à plenitude de Cristo; aqui os elementos não serão transfigurados no Corpo entregue e no Sangue derramado como lugares do dom e da ressurreição? Assim como toda a palavra foi de alguma forma criada para que um dia a pura palavra da oferta pudesse ser proferida e recapitulasse em si mesma todos as palavras humanas, assim também todo alimento não teria sido criado para ser tomado em uma refeição em que "totalidade", isto é, o Corpo e o Sangue de Cristo, seja oferecida e trocada entre Deus e o gênero humano? Toda a substância do mundo deveria poder passar na refeição festiva concedida à narrativa do evento fundador: à gênese de um novo mundo em Cristo ressuscitado pelas mãos de Deus, deveria corresponder a oferta deste mundo pelas mãos humanas. Os alimentos sagrados seriam o lugar misterioso dessa troca englobante entre Deus e o gênero humano.

### "Transubstanciação"

A palavra "transubstanciação" deveria expressar esta troca, mas realmente assusta. Ela é complicada e, portanto, pouco acessível à pessoa de cultura mediana. Sobretudo, ela evoca uma metafísica da substância e do acidente cuja pertinência não é evidente a todos hoje em dia. O termo estaria culturalmente datado, senão definitivamente superado, e a especulação altamente abstrata que evoca teria deixado de afetar nossa sensibilidade. Seria preciso, então, encontrar um termo substituto.

## De início, uma palavra simbólica

Entretanto, gostaria de conservar esta palavra, veremos logo porquê, restituindo-lhe, antes de tudo, o seu valor emocional e seu enraizamento simbólico. As palavras teológicas certamente têm um sentido muito rigoroso se restituídas ao sistema lógico a que pertencem, mas tal riqueza nasce de um entusiasmo de fé e um profundo de profundo sentido do humano e de seus símbolos. Os habitantes de Éfeso, no século V, clamavam nas ruas da cidade o estranho vocábulo *"Thetókos"*, porque expressavam essa palavra tecnicamente precisa da essência da sua fé em Cristo, e fizeram-no de maneira dinâmica e polêmica: a Virgem era proclamada Mãe de Deus contra todos os que tinham feito do Filho de Maria um simples filho de homem. A seguirm, os Teólogos puderam analisar, mediante uma investigação bastante sutil da relação, o conceito de "maternidade divina", mas a palavra *Theotókos* é e continua sendo uma afirmação apaixonada da fé. Sem dúvida, é preciso restituir a palavra transubstanciação ao seu clima primordial.

## A Idade Média

Raymond Oursel pretendia ver no termo transubstanciação como que a palavra-chave não tanto da escolástica, mas da espiritualidade e da mística que se manifestam na arte do período românico: um sentido muito vivo do "admirável comércio" entre Deus e o gênero humano, que derrama sobre todas as coisas uma luz de transfiguração e cuja conversão do pão humano no Corpo de Cristo e do vinho no Sangue de Cristo constituem o símbolo, a realização e a pedra angular[16]. Longe de ser uma palavra árida e limitada, "transubstanciação" diria o sentido último da dinâmica do mundo.

Mais tarde, um poeta (teria sido Santo Tomás de Aquino?) compôs em honra do Santíssimo Sacramento uma poesia, o *Lauda Sion Salvatorem*, que coloca em versos latinos a especulação escolástica so-

---

[16] R. Oursel, *Florescimento da escultura romana* [*Floraison de la sculpture romane*, Zodiaque, t. II, 1976' p. 233-247]

bre a "presença real" e as maravilhas métafísicas que ela supõe. Ao lermos esse texto hoje, surpreendemo-nos com o caráter árido desta composição litúrgica, mas isso talvez se deva ao fato de não a percebemos mais como o entusiasmo da fé de nossos antepassados nascia precisamente da investigação da transformação dos elementos humanos no Corpo e no Sangue de Cristo: para eles, o amor de Deus pelos seres humanos se manifestava precisamente nesta cascata de "milagres metafísicos", multiplicados com o único propósito de permitir que participemos do mistério de Cristo. O que o Ser e a Natureza não podiam, Deus o realizava. O *Lauda Sion* é um hino à ternura do Todo-Poderoso desejoso de comunhão com o seu filhos. Se nós nos depojamos da intensidade afetiva que lhe deu vida, não vemos ali nada mais que algo tedioso escrito em versos sem inspiração. Mas isso talvez se dê pelo fato de que nos tornamos cegos e não por que o hino seja insignificante.

## O imaginário da alimentação

Gilbert Durand nos recorda as raízes humanas dessa percepção emocional da transubstanciação "Toda alimentação é transubstanciação"; é isso o que ela visa[17]. Queremos dizer com isso que a imaginação da comida sempre tende a superar o aspecto da destruição dos alimentos, a negar esse lado negativo que gostaríamos que ficasse sempre à superfície, a fim de valorizar a passagem de substância à substância. A substância é como o coração do alimento, aquilo pelo que ele é doador de vida e se transmuta de alguma forma no coração de quem ele nutre. Daí, é fácil a passagem à imaginação do alimento primordial, bebida sagrada ou fruto do Paraíso, elemento "supersubstancial" que concederia a vida imortal; a substância imperecível, que não apenas nem talvez principalmente se converteria naquele que a come, mas que inversamente transformaria em si quem quem a consome, subtraindo-o à mortalidade.

---

[17] G. DURAND, *As estruturas antropológicas do imaginário* [*Les Structures anthropologiques de l'imaginaire*, Paris, 1960, p. 274.

## Levinas

Talvez em certas páginas, no final de *Totalidade e infinito*, é que se pode descobrir da melhor maneira esse enraizamento humano da transubstanciação[18]. Levinas nos fala disso quando, "para além do rosto", ele evoca, com pudor e força, o encontro sexual. O rosto é o lugar da significação, dom e procura de sentido; ele se manifesta ou é desejado na luz; a seu modo é palavra clara. Mas, além do rosto, há os corpos em sua nudez erótica. O amor inclui também troca de regiões obscuras e indispensáveis do ser; seu gesto não é mais o olhar, mas a carícia; o seu desejo não visa apenas ao reconhecimento do outro, mas um tipo de identificação que implica um sentir e uma volúpia que vão além ou — o que dá no mesmo — ficam aquém de toda a significação e entendimento; de alguma forma se está além das pessoas como elas se designam: aqui, elas se tocam no implícito do reconhecimento, encontram-se no claro-escuro de uma intimidade, de uma solidão a dois que não se abre publicamente a alguma sociedade. Poderia se dizer que eles se reportam como "de substância a substância"? Neste ponto, entretanto, a sua intimidade transcende a si mesma: a identificação amorosa produziu um "outro" que é o filho. Ora é extamente a propósito da fecundidade que Levinas escreve por três vezes a palavra transubstanciação. Sem dúvida, a palavra convém a esse contexto; ela designa ao mesmo tempo essa saída além da própria substância para se identificar em seu sentimento e sua volúpia à substância de outro amado, e essa superação todos os projetos estabelecidos e de todos os poderes dominados, como é a geração do filho: passagem da própria substância a substância de outro saído de si mesmo. O amor, em sua realidade e fecundidade, supera o regime do entendimento, do sentido, da liberdade evidente e senhora de si. Supera também o regime do corpo, uma vez que este seria apenas matéria e necessidade. Mas, se os supera, ele os engloba a ambos em um processo a um tempo consentido e cego: o amante não se encontra a si mesmo se não ao se

---

[18] E. LEVINAS, *Totalidade e infinito*, opus cit., trad. francesa, "Fenomenologia de eros" e "Fecundidade", Haia, 1974, p. 233-247.

transubstanciar de alguma maneira no amado e no fruto deste amor. Gesto dinâmico que nunca termina, mas sempre se abre a um futuro; poder-se-ia quase dizer que, ao nível do amor, o ser é substâcia somente ao se transubstanciar constantemente.

Assim, porque a palavra transubstanciação consegue designá-los ou, ao menos, sugeri-los com intensidade, a dinâmica do desejo conjugal como a necessidade de comunicação absoluta, no coração da imaginação dos alimentos e da utopia alquímica, ela se torna mais familiar e menos rebarbativa. O fato mesmo de os filósofos recorrerem a ela, embora sua marca originária seja definitivamente teológica e eucarística, a credencia de novo em nosso meio. Sem dúvida, ela pertence ao rol daqueles vocábulos sobrecarregados de sentido com os quais tentamos falar do infinita intimidade de nosso Desejo. Por outro lado, é notável que o termo transubstanciação seja empregado seja no contexto de amor total entre homem e mulher, seja naquele de uma transmutação de alimentos e elementos. Como se essa necessidade de unificação funcionasse não apenas num quadro de uma troca interperpessoal, mas também naquele da relação humana com os elementos. Como se, em definitivo, fosse necessário envolver essas duas dimensões — ser humano/terra; ser humano/ser humano — para englobar a perspectiva do Desejo total: ser um com os outros sendo um também com a terra e vice-versa. Essa recíproca e múltipla transmutação dando lugar a uma imortalidade que implica também uma troca com o mundo de Deus.

A transubstanciação apresenta-se, portanto, como uma metáfora do Desejo, uma maneira de dizê-lo e, por isso mesmo, de dar-lhe algum contexto de realidade. Mas, tomada no contexto da Eucaristia cristã, ela vai mais longe e supera o limite que, de resto, é intransponível, entre o Desejo humano, as metáforas que lhe dão corpo e sentido, e a Realidade que o Desejo visa através da metáfora, a saber, a unidade dinâmica com a terra, com os outros e com Deus. Para compreender isso, ou pelo menos, pressenti-lo, é preciso recusar que consideremos a transubstanciação como um mudança qualquer ou mesmo mudança específica, antes de ter meditado novamente sobre o termo ao qual ela conduz: o Corpo e o Sangue Jesus Cristo.

## O CORPO, O SANGUE E O NOME

Ao longo de toda a nossa investigação, deparamos com o corpo do ser humano e seu paradoxo: é verdadeiramente carne, mas de uma carne que é ela mesma apenas quando animada por necessidades, permeada por desejo, formada por linguagem como pela matéria, carne que é constantemente chamada por um nome próprio que a faz corpo do ser humano, "substância" e "símbolo" ao mesmo tempo. Esta condição nos parece paradoxal, talvez porque estejamos imbuídos de um cartesiano elementar, que faria da "alma" e do "corpo" duas "coisas" incompatíveis, mas sobretudo porque o nosso destino humano está ainda em devir; a nossa jornada deve atravessar a morte e não conhecemos ainda o nome novo que nos permitirá ser plenamente corpo vivo; e o caminho prosseguirá sem pausa até que todos os homens tenham se tornado, enfim e totalmente, seus corpos: ocorrerá por isso a ressurreição dos mortos.

### O corpo e o sangue realizados

Não obstante, um corpo já alcançou a sua realização, ao ponto de ser o Corpo; não deixou de ser carne; antes, manifestou a carne na sua verdade finalmente adquirida, aquela de uma transfiguração inscrita no corpo pelo absoluto do amor. Se tudo o que vimos nos capítulos anteriores é verdade, então o corpo humano só é realmente corpo quando totalmente ofertado, quando vive o seu êxtase na ressurreição. Também se poderia dizer que se torna verdadeiramente corpo quando está marcado pelo sinal do sangue derramado. Os vivos não veem o próprio sangue, pois o corpo o mantém dentro de si, como um precioso tecido em que se acumula e circula a vida. O sangue brutalmente derramado, e assim oferecido ao olhar, é sinal da morte, isto é, da vida "doada a" e "oferida por", sinal do corpo "tal que em si mesmo enfim"[19] é transfigurado pelo amor. O sangue derramado nos mostra que é essencial ao corpo ser entregue. Apenas o corpo entregue e o sangue derramado podem ressuscitar e se, a partir de então, eles não

---
[19] "tel qu'en lui-même enfin".

morrem mais, não deixam contudo de ser entregues e derramados por que é mediante isso, e para sempre, que eles são verdadeiramente corpo e sangue humanos. É assim que a realidade total do corpo de Jesus nos foi revelada no momento da efusão de seu sangue, da abertura do seu lado: o Cordeiro imolado. Enfim, feito Símbolo sem deixar de ser Substância, agora ele é capaz de aparecer como quiser, envolvendo os seus discípulos no mesmo dom e na mesma ressurreição.

## O corpo finalmente nomeado.

O corpo e o sangue de Jesus são, portanto, simplesmente, o Corpo e o Sangue, porque apenas eles se tornaram o que estavam destinados a ser. Mas eles o são também porque, neles, Cristo de certa maneira se equiparou ao Nome que ele mesmo traz: chamado Jesus desde a origem, não por vontade de seus pais, mas por conta de uma mensagem inspirada por Deus seu Pai, ele traz assim, em seu corpo, aquela responsabilidade e aquele serviço que estão ligados a todo nome. (uma vez que o nome é feito para sejamos invocados e chamados), mas pela Responsabilidade e pelo Serviço que convêm ao Filho, ele respondeu por seu corpo e por seu sangue e recebeu o Nome que está acima de todo o nome. Jesus não é apenas um homem como nós, mas aquele que se doou mais que todos os outros e, portanto, mereceu ressuscitar por antecipação. Isso é certamente assim, e o é muito mais porque sua carne, atravessada por sua condição de Filho e de sua investidura como Messias, se destina a estabelecer o Reino de Deus, e isso se resume no nome pelo qual Deus e os homens o invocam e o chamam.

Em tudo isso, nada mais faço do que repetir o que, de diferentes maneiras, tentei sugerir nessas páginas que falam apenas de alimento e de linguagem: o corpo e o nome caminham juntos. Se o nome é tal que possa responder a qualquer momento ao apelo que Deus Todo-Poderoso, ou o último de nós, quer dirigir-lhe, então também o Corpo pode responder por todos os corpos e o Sangue por todo o sangue. Inversamente, se Cristo em seu corpo e em seu nome responde por nós, então o nosso corpo e nosso nome podem ser marcados por uma referência a Cristo pela qual eles alcançam às suas dimensões autênticas, aquela da Aliança com Deus. Como foi dito acima, Cristo ressuscitado não reconstitui sua comunidade sobre fundamentos antigos, preparatórios e provisórios: ele a constitui na participação à vida nova e definitiva, ao nível do êxtase de sua morte e de sua ressurreição. Nossos corpos, nosso sangue, nossos nomes não são comparáveis ao Corpo, ao Sangue e ao Nome de Jesus; eles se referem sobretudo a ele, como as partes ao Todo, como os membros ao Corpo, como o filho ao Filho. O Mistério da Igreja, Corpo do Cristo, está incluído no Mistério de Cristo ressuscitado em seu Corpo: fala-se da mesma realidade, só que o ponto de vista é diferente.

### Esse pão e esse vinho...

Ao celebrar a Eucaristia procuramos render graças na fé e no Espírito Santo por este Mistério do Corpo e do Sangue de Cristo, no qual estamos envolvidos e de ratificar, de alguma maneira, essa implicação ao nos comprometermos neste mistério. É por isso que trazemos pão e vinho, "fruto da terra e do trabalho do homem", isto é, símbolos da humanidade, não só em sua materialidade estática, mas no dinamismo do seu trabalho, símbolo, portanto, de comunicações interumanas necessárias para que o trabalho se realize e seus frutos sejam partilhados, símbolo, enfim, do sacrifício constante pelo qual todo o homem deveria sempre convidar o seu próximo a tomar aquilo de que necessita para viver e a doar o que ele tem para que outros vivam. Todas essas dimensões, que estão incluídas no simbolismo total da refeição, estão presentes também na apresentação do pão e do vinho. Não podemos nos apresentar a Deus de mãos vazias uma vez que devemos nos doar até a morte e a ressurreição; não podemos vir sem todos os nossos irmãos, graças aos quais ele é corpo e que eles são corpo graças a ele. Acima de tudo, não podemos vir sem Cristo. Portanto, quando na oferta eucarística entregamos os nossos corpos a Deus, chamando-o por seu Nome, envolvemos também todos os homens e, o que é mais importante, nós o fazemos apenas em Nome de Jesus, ou, o que é o mesmo, em seu Corpo e em seu Sangue, que são o Corpo e o Sangue. Por isso, uma intercessão urgente exige que essas ofertas "tornem-se" o Corpo e o Sangue de Jesus Cristo, não como matérias inertes, mas como substâncias vivas do dom da vida no Mistério Pascal.

### ...para que se tornem o Corpo e o Sangue

Visto desse ponto de vista, o problema do "devir" do pão e do vinho na refeição eucarística não tem nada que nos possa surpreender e inquietar. A transignificação da refeição, graças à oração memorial da morte e da ressurreição de Jesus, celebrados como eventos primordiais da origem e do fim, não pode se dar sem a transubstanciação dos alimentos, a fim de que entre Deus e nós, a nível das coisas como no da palavra, ao nível do fazer como no do dizer, nada mais há que o Corpo e o Sangue de Cristo. Como haveria outra coisa? Como poderia haver entre Deus e nós algo que não fosse este Corpo e este Sangue?

Digamos de novo: não podemos isolar a transubstanciação do Desejo humano que fala dela, nem dos objetos específicos a propósito dos quais se fala. A palavra transubstanciação não é uma palavra universal que se possa aplicar a múltiplos casos particulares; ela significa, ao nível da relação dinâmica do homem com as coisas desse mundo, o Desejo de transmutação absoluta que garante o acesso ao definitivo. Não podemos falar dela como se fosse aplicável a qualquer "substância". Mesmo se conhece os usos metafóricos que eu evidenciei acima, não vale, em termos rigorosos, se não quando se trata dessa passagem misteriosa do pão humano ao Corpo único de Jesus Cristo e de um vinho humano no Sangue de Jesus Cristo, para que esse Corpo e esse Sangue sejam eles mesmos definitivamente trocados entre Deus e a humanidade. A dinâmica de um dom recíproco que o Desejo humano pressente desde sempre realiza-se, então, efetivamente no Mistério de Cristo atualmente comemorado. Em outros termos, uma transmutação universal é apenas um mito, no sentido um tanto pejorativo desse termo, e de verdade não tem sentido algum. Mas a transubstanciação do pão no Corpo de Cristo e do vinho no Sangue de Cristo, considerada na dinâmica definitiva da morte e ressurreição de Jesus, apresenta um sentido. Digamos mesmo que ela manifesta o Sentido. Portanto, não podemos falar da transubstanciação considerando unicamente as "coisas" que se convertem umas nas outras (um pedaço de pão em um corpo bio físico) sem levar em conta do que é uma — o fruto do trabalho humano e o lugar possível de uma troca: a refeição oferecida — e daquilo que é o outra – a totalidade, no Verbo de Deus, da realidade criada, transfigurada pela ressurreição e assumida em uma eterna comunhão com Deus. Implicada, porém, nesta admirável e única troca, a transubstanciação diz e opera corretamente um aspecto do Mistério: a passagem de uma realidade humana à realidade divino-humana que, desde sempre, o ser humano procura alcançar e que na Eucaristia lhe é doada a fim de que, que por sua vez, possa doá-la.

## Objeções

É preciso reconhecer, contudo, que nas discussões desenvolvidas nos últimos anos acerca da "presença real" e da "transubstanciação", este último termo conheceu um eclipse. No quadro da discussão ecumênica, especialmente com a Reforma, e por causa do descontento atual em relação a toda a metafísica considerada como "ontoteologia", tentou-se substituir, na análise do Mistério eucarístico, as categorias de finalidade, de sinal e de símbolo à categoria de substância. No mesmo quadro da discussão ecumênica, sobretudo com a Ortodoxia, se quis insistir sobre o papel do Espírito Santo mais que sobre a natureza do ato que Ele opera. No entanto, pergunto-me se, nesse assunto, é preciso criar oposições e se não seria mais benéfico "distinguir para unir". Parece que o problema não seja tanto o de substituir ou de deslocar, mas sim o de tentar colocar cada elemenro em seu lugar, no movimento poético do Mistério da fé. Deste ponto de vista, é preciso absolutamente reconhecer que a discussão ecumênica nos convida a pôr em primeiro lugar a dimensão da aliança inscrita no Mistério cristão e que corresponde à expectativa mais profunda do desejo humano, que ela transfigura; sob esse aspecto, as categorias de transignificação, transimbolização, transfinalização são os mais pertinentes. Devemos também admitir que a insistência dos católicos sobre o papel do sacerdote na celebração eucarística (papel que se pode dizer no máximo que é instrumental, ou seja, totalmente dependente e derivado) contribuiu para deixar na sombra o poder do Espírito, mediante o qual tudo se realiza, e por isso insisti, na esteira dos estudos litúrgicos mais recentes, sobre a linguagem da intercessão e o papel da epiclese na liturgia eucarística: nada se faz nela sem o poder de Deus. No entanto, uma vez reconhecido esses pontos, não é preciso também *dizer* a ação enquanto tal, em todos os seus aspectos e, em particular, naquilo que concerne a esse devir do pão no Corpo e do vinho no Sangue, tão explicitamente sublinhado em todas as antigas tradições litúrgicas das Igrejas? Sobre este preciso ponto, falar em "transubstanciação" é legítimo. De fato, ela qualifica precisamente o devir eucarítico naquilo que ele é verdadeiramente "devir", mas de uma maneira completamente diverso de todo o devir ou transformação de que possamos fazer uma ideia.

Decerto é possível levantar dúvidas sobre a validade dessa ou daquela acepção do conceito de "substância". Contudo, esse "substantivo" existe e continua a ser amplamente empregado na linguagem corrente. Sem dúvida, ele tem algum conteúdo, e seria leviandade pensar que a intensa reflexão filosófica em torno desta noção, desde Platão até os nossos dias, não tenha nada a dizer. Ela designa, de fato, o que na realidade é invariante. O problema do invariabilidade e dos variáveis é inevitável em qualquer época que se esteja. Jacques Monod o reconhece sem rodeios, naquilo que concerne à ciência moderna: "Existe e continuará existindo na ciência um elemento platônico que não podemos eliminar sem arruiná-la. Na diversidade infinita dos fenômenos singulares, a ciência busca apenas os que não variam[20]". Penso que este "elemento platônico" continue a existir igualmente na filosofia e que, no que diz respeito à reflexão sobre a eucaristia, é a esse nível que se situa também o conceito de transubstanciação. As páginas cheias de nuances, de sutileza metafísica e modéstia intelectual nas quais Santo Tomás de Aquino tenta explicar as noções de presença real e de transubstanciação constituem uma investigação "técnica" que, hoje,

---

[20] J. MONOD, *O acaso e a necessidade* [Le Hasard et la Nécessité, Paris, 1970, p. 117]. Cf. todo o capítulo: "invariância e perturbações". No plano filosófico e teológico: J. LADRIÈRE, *A articulação do sentido* [*L'Articulation du sens*, II. Les Langages de la foi, Paris, 1984], cap. V, "A expressão eclesial da fé. Invariância e significância" ["*L'expression ecclésiale de la foi. Invariance et signifiance*"].

nós não colocaríamos mais no centro da reflexão sobre a Eucaristia; a seu nível, todavia, e para aproximar a significação da fé naquilo que concerne à questão específica do devir dos alimentos, eles parecem ainda perfeitamente dignas de adesão[21]. É bem possível que não experimentemos hoje, como no passado, a necessidade de tratar em detalhe o problema da transubstanciação, mas não parece tampouco que se deva rejeitar essa noção, nem que se deva recusar drasticamente a maneira com que os maiores dos nossos antepassados a trataram, quando tal conceito se punha de maneira central na reflexão dos crentes.

Podemos concluir dizendo que, segundo essa dupla linha da transignificação e da transubstanciação, pode se intuir de que maneira o Mistério da Morte e da Ressurreição de Cristo investe a simples a refeição de pão e de vinho que partilhamos diante Deus fazendo memória Jesus Cristo. Assim a Eucaristia, caso único dentre todas as trocas e todas as partilhas de alimento, realiza o que significa: a Aliança verdadeiramente integral entre Deus e a humanidade. Assim, em virtude dessa Aliança doada e celebrada, não resta que reabrir continuamente uma história que realiza todos os projetos do homem desperto e ativo, mas de tal modo que encentem sempre a novas possibilidades de realização da Única Aliança, "Festa da Humanidade."

---

[21] Seria preciso, aliás, fazer certas distinções. A própria palavra transubstanciação permanece efetivamente no limite da linguagem possível, como se ela pertencesse à teologia negativa, uma vez que não pode se referir a um movimento local, a um movimento qualitativo ou a uma geração-corrupção; é preciso, portanto, que seja um tipo de mudança que vai "de substância a substância", sem que se possa dizer muito a respeito. As especulações posteriores sobre a "subsistência de acidentes na quantidade" podem se muito bem acolhidas por aqueles que têm suficiente afinidade com este tipo de argumento metafísico, mas eles não são necessários para a aceitação da "transubstanciação" como expressão suficiente do devir eucarístico.

# CONCLUSÃO

A convicção subjacente — e, por vezes, expressa em todos os desenvolvimentos — que dirigiu o presente ensaio, pode ser resumida com ajuda de uma só palavra: transfiguração. A existência humana apresenta uma série de rostos concretos, de comportamentos, de condutas, de "figuras" que nenhuma religião autêntica pode negar ou sequer ignorar: O alimento, o trabalho, a sexualidade, o sofrimento e a morte. A esses realidades correspondem todos os registros da voz e da palavra humana. Essas figuras evocam umas às outras e se correspondem. Nenhum delas, no entanto, é perfeita, ou seja, satisfaz plenamente o desejo, pessoal e coletivo do ser humano. Todas e cada uma delas, indicam a mesma direção. Nenhuma delas atinge a última meta, e por isso que pemanecem abertas, evocam o que significam e parcialmente alcançam algo ou alguém de "outro" que elas ignoram e não podem produzir e que, entretanto, responde melhor que elas próprias àquilo que procuram e que é a sua "transfiguração".

Seria preciso considerar essas figuras: o que são e o que fazem; o que dizem e o que solicitam. E estávamos tanto mais convidados a isso, porquanto no cristianismo a resposta de Deus à expectativa dessas figuras nos convida a retomar nossas condutas mais familiares, mas a um nível em que o seu sentido definitivo é repentinamente revelado e doado: a Eucaristia é ao mesmo tempo festa e morte, narrativa, vida e comunhão.

É por isso que, de início, consideramos a alimentação como função concreta, praticamente primeira, mas também – e por causa disso — conduta que revela o ser humano a si mesmo. Ela lhe manifesta o seu enraizamento biológico e, posto que ela lhe fornece as bases de sua linguagem, a sua capacidade simbólica: o ser humano enquanto substância e símbolo, inseparavelmente. Fruto de um trabalho que produz a subsistência, ela indica ao ser humano o seu poder técnico e, simultaneamente, a sua exigência estética. Revela o aspecto coletivo da humanidade, em que ninguém realmente trabalha ou consome sozinho e só para si. A partilha na justiça, ao nível das condições de trabalho como àquele da participação nos frutos, aparece aqui como a Lei fundamental que deve regular os projetos humanos e as suas realizações. No entanto, a experiência corrente do convite gratuito à refeição manifesta, sempre a esse nível absolutamente primeiro da comida, um desejo humano, talvez inexplicável, mas latente em tudo o que fazemos: o de dar a vida sem calcular e de a receber com gratuidade. Mais radical que a Lei da partilha e da justiça revela-se a Lei da troca e da Aliança. Mais fundamental que a equidade parece a superabundância da festa. E a comida levanta assim o verdadeiro problema teórico e prático da existência humana: como articular o projeto de justiça e o desejo da Aliança? Ela também revela a pobreza humana original: quem lhes dará a Aliança sem reserva, tudo doar e tudo receber?

Por sua vez, palavra manifesta o humano. Prontamente ela o significa como ser de comunhão: não há palavras se não são trocadas — e ela define o campo simbólico da comunhão, a música. O ser humano é voz para outro, é canto e melodia. Os significados, os temas, as ideias cruzam a poética interpessoal quando nos dirigimos uns aos outros. Se sucedesse a alguém falar sem dirigir-se a outro, nada de real seria dito; as ideias cairiam como frutas estragadas que ninguém recolhe. É verdade, pelo contrário, que quando não há nada a oferecer mediante a palavra, esta é vazia e insignificante. A oferta do silêncio está repleta de sentido do que a fofoca.

O desejo de comunhão, contudo, se manifesta também ao nível do que é dito, o que é particularmente notável na narrativa, que é a função mais frequente da palavra, filha de memória. Retomar o passado, próximo ou remoto, de um evento a fim de colocá-lo em comum com aqueles a quem se narra. Por outro lado, ouvimos a narrativa que nos é feita, a fim assumir em nós o que não vivemos. Assim, realizar a comunhão de nossas diversidades para viver juntos o presente e projetar o futuro. Este é o quadro, mais que quotidiano, no qual se cumpre sem cessar "a história" que remete ao presente da consciência coletiva as seqüências passadas que nos tornaram o que somos e a partir das quais podemos delinear o que seremos. Ainda uma vez, aqui se entrelaça uma delicada reciprocidade entre o projeto da comunhão presente e a fidelidade com que a memória discerne e apresenta os eventos passados: projetos e conteúdos condicionam-se mutuamente.

Dentre todas as narrativas destacam-se as que se relacionam à vida doada, partilhada, restituída: tais coisas sempre retornam, isto é, nunca deixamos de fazer memória da vida, e estas memórias não são neutras: ou são festas ou são lutos. Nascimento ou morte, casamento, inauguração e fechamento... No final das contas, a narração fundamental sempre aponta na direção da origem e do fim, como em direção dos lugares-limite da vida, sem cuja evocação o intermédio não tem sentido e não pode ser dirigido. Assim, no limite, a narrativa retorna à primeira denominação – o nosso nascimento se resume no nome que nos foi dado — e antecipa a nossa morte — se esta é a última invocação ou a extrema escuta de uma palavra por vir. Da mesma forma, toda a narração particular se inscreve no quadro da Narrativa primordial, aquela que conta a Origem dos mundos e antecipa o seu Fim. Ora, singular ou universal, tal narrativa nos remete ao Poema. Se toda a invocação é necessariamente seletiva, esta seleção se inscreve no interior da duração contínua do tempo; mas a evocação da Origem e do Fim cede a palavra àquilo que funda e, em certo sentido, conclui o tempo. Portanto, a linguagem é única, simultaneamente humana e mais que humana. E, se esta evocação é, como qualquer outra, invocação daquele a quem se narra, como é o caso do interlocutor da Narrativa primordial, se não Aquele que, sendo o primeiro, doou o seu nome aos mundos e aos homens e com quem a comunhão tornou-se possível: Deus criador e Pai? Isto é o que eu queria exprimir dizendo que o discurso fundador é o Poema litúrgico: canto dirigido a Deus, resposta ao nome que Ele nos doa, transgressão dos limites do humano, demasiado humano.

Mas onde encontrar concretamente essa linguagem originária, esse discurso implícito em toda palavra humana? O cristão crê que a Eucaristia que celebrada na comunidade dos irmãos é esta voz primitiva e última, que canta a Deus evocando o Evento primeiro e último: a Morte e a Ressurreição de Jesus de Nazaré, o Cristo. Linguagem originária, a Eucaristia o é primeiramente porque é invocação de Deus, aclamação, pronúncia jubilosa do Nome do Pai. Ela é também palavra fundadora, porque evoca o que Deus fez pelos seres humanos, o projeto de salvação que se cumpriu em Jesus Cristo: porque conta, porque diz o seu relato na memória e por ordem de aquele que estava morto e que agora vivo, ela torna presente na ação de graças aquele evento mesmo que evoca. Ela diz, aqui e agora, o Evento pelo qual toda duração ganha um sentido e pelo qual toda essa história se organiza em discurso sensato.

Mas a Eucaristia é mais que uma palavra, mesmo se fundadora, ou, mais exatamente, ela é palavra, mas em sentido ativo, performático, diríamos hoje, do termo semita *davar*. A invocação e a evocação são pronunciadas sobre coisas e mediante gestos, apelando-se ao poder do Espírito capaz de dar corpo aos nossos sinais. A realidade das coisas diante de nós dá consistência à voz das palavras que saem de nossos lábios, e incarna a dimensão da presença, já marcada pela invocação atual de Deus e a evocação recitada de Jesus Cristo. O Espírito, transfigurando as coisas, consegue assim tornar presente o Evento da salvação, verdadeira origem e fim da história. Isso não é uma performance que se passa diante de nossos olhos, mas que nos deixaria fora dela: porque nós invocamos, recitamos e refazemos, estamos incluídos na Aliança que celebramos ao nível do Verbo e da Alimentação. Assim, não só temos a garantia da Origem e do Fim, sem os quais é nos impossível, pois não teríamos superado o terror daquilo que nos supera e que não podemos dar a nós mesmos, mas estamos já englobados nessa Origem e nesse Fim. Paradoxalmente, quando a presença do Definitivo, que acompanha todo o momento do tempo e tida porção do espaço, Paradoxalmente, é a presença do Definitivo que acompanha cada momento do tempo e cada porção do espaço, que nos permite viver, em uma liberdade construtiva, esse tempo e esse espaço: libertados da incerteza e do medo, podemos arriscar o futuro.

O cristão não pode demonstrar que a morte e a ressurreição de Jesus são efetivamente os eventos primeiros que permitem a vida. Tais eventos são precisamente o objeto da sua fé; são para ele a Palavra (*davar*) de Deus. Ora a palavra se escuta, a ela se obedece: nós se inventa ou se demonstra. Contudo, sem colocar a fé em dúvida, podemos tentar penetrá-la melhor. Podemos "verificá-la", não no sentido de que a sua verdade dependa da nossa verificação, mas para que possa aparecer melhor através de nossas modestos procedimentos. Dentre todas as maneiras possíveis de se fazer essa verificação, eu tentei duas. A Igreja de Jesus, por sua própria existência, verifica a Ressurreição. Com efeito, ela nasce continuamente da escuta do testemunho apostólico, isto é, dessa palavra pela qual aqueles que se dispersaram quando da morte de Cristo explicam por que, contrariamente a toda a probabilidade, permaneceram juntos e se puseram a falar: porque aquele que estava morto foi dado a ver, sem iniciativa alguma da sua parte, sem que pudessem pôr aa suas mãos sobre ele, mas também sem que possam duvidar de sua identidade, e porque aquele, que se deu a ver de tal modo, os enviou a falar. A Igreja é assim totalmente dependente dessa manifestação, a um tempo idêntica e diferente, de Jesus após sua morte, e da missão que o acompanha. Em seu próprio ser, também ela manifesta esse estranho encontro de uma dimensão cheia de humanidade e de um mistério que a supera e sem o qual, todavia, não poderia existir. Ela é a primícia dessa nova Criação, enviada a dizer aos homens quem são eles em verdade. Ela é a serva da Transfiguração, porque é a Comunidade do Ressuscitado. A morte e a ressurreição de Cristo manifestam-se assim como o Evento mediante o qual a criação na sua totalidade assume pouco a pouco o seu sentido último. Esta é a primeira "verificação".

A segunda verificação nos veio do paradoxo da "morte por". Certamente tanto "aquele que cria em Deus" quanto "aquele que não cria" puderam dar suas vidas com a mesma generosidade e suscitar uma igual admiração. Mas podemos realmente "verificar" a morte destes homens "por" seus irmãos, não houvesse um Pai que possa acolher o seu sacrifício e responder-lhe, instaurando mediante isso o círculo infinito da Aliança em que a morte é vida e a vida é morte? A ressurreição de Cristo rompe os paradoxos da "morte por", porque ela instala aquele que doou a sua vida e que não a retoma por si mesmo, no dinamismo impetuoso da Intercâmbio com Deus e com os homens. Cristo, a este nível, é Origem e Fim porque nele a vida tornou-se finalmente o que ela foi chamada a ser. Sem ser terminada, ele é levada à realização. Enquanto posta "em órbita", ela é Fim. Enquanto manifestada por aquilo que ela é e comunicada a todos aqueles que a querem receber e se deixam tomar por seu dinamismo, ela é "Origem". Nenhuma outra vida humana jamais realizou tudo isso. Esta é a segunda verificação E dessas verificações nasce, como sugeri, a exigência de um olhar que se põe sobre aquele que está assim na Origem e no Fim: Quem é Ele? Daí nasce a questão teológica sobre Jesus Cristo, que pode evoluir indefinidamente, desde que a resposta, em cada momento da história, seja fiel ao que deu origem a tal pergunta: o Evento da morte-ressurreição como Origem e Fim dos tempos, dos mundos e da história.

Se realmente a morte e a ressurreição de Jesus de Nazaré são, como Evento único, a Origem e o Fim da história, torna-se mais fácil compreender a que ponto eles investem não somente o discurso, mas os gestos e as coisas com que são comemorados em uma invocação de Pai Deus, invocação que é solene e ao mesmo tempo alegre. A refeição festiva, da qual vimos ser em si mesma o símbolo apropriado do dom recíproco, ou seja, do sacrifício em plenitude no qual tudo é doado e tudo é recebido, está pleno da realidade que ele simboliza. Esta não é uma ideia platônica acima de nós, como tampouco é um evento utópico que nos antecede. É o Evento de Jesus Cristo, aqui e agora revocado à memória e à realidade. Por várias vezes insisti que a refeição dizia perfeitamente a Aliança, enquanto que a morte e resurreição tinham-na realizado e a realizam. O encontro dos ambas no discurso e nos alimentos eucarísticos conferem a estas a plenitude evocada pela refeição. A "transubstanciação" é o selo último da presença, não como presença morosa, um ser-lá estático e impotente, mas como presença da Aliança, oferecida à mão e à boca do ser humano, para que a sua vida seja transfigurada e desenvolva, ao longo do tempo, condutas dignas desta condição Filho que é para ele o nome último da Aliança.

Pois a Aliança e a condição de Filho fazem o tempo irromper e tornam possível a história. Porque a Aliança esconjura a morte ao lhe revelar o sentido, porque instaura com Deus uma relação dinâmica, porque se põe sob o signo do Amor como troca recíproca, ela pode romper a tendência sempre viva de voltar de novo, recuar sobre o passado ou a evadir em direção a outro mundo que seria totalmente alheio ao nosso. Posto que liberta o sentido último dos seres e das coisas, ela fornece o quadro no qual a desdobramento do tempo encontra sua razão de ser e os seus modelos. Assim, ela abre sobre os projetos humanos de desenvolvimento da justiça e da partilha.

Com efeito, a palavra que bem ou mal designa a verdade de uma ação humana conduzida por homens ou uma situação que eles partilham, é o nome de 'irmãos'. Pretende-se um mundo "mais justo e mais fraterno", de onde seriam banidas as rivalidades e injustiças e onde as diferenças seriam contidas na harmonia. Mas os irmãos não são talvez, por definição, os filho do mesmo Pai: aqueles que aceitaram não apenas serem engendrados, mas que do Pai receberam em comum a ternura e os bens. Se a celebração da Nova Aliança é a confissão do Pai, ela fundou a fraternidade dos homens e, assim, abre aos caminhos da ação e de luta para essa fraternidade se realize efetivamente. A celebração da Aliança não nos constitui simplesmente como irmãos, mas nos provoca a trabalhar para sê-lo mais com mais equidade. Ele indica o ponto de partida da luta pela justiça.

Mas ela também dá o último sentido. Compartilhar, entre iguais, mas por quê? Para que cada um possa ter tanto quanto o vizinho, em termos de bens de consumo materiais e culturais, e possa dispor à vontade da sua parte? Mas quem manteria esse estado de perfeita igualdade, supondo que um dia ele possa ser alcançado? "No princípio era o ciúme", diz um mito Gabão: a única maneira para manter uma igualdade estática seria trabalhar para impedir que alguns superem a média! Perspectiva pouco convidativa! Mas não é assim de fato; embora seja importante que a justiça cresça sempre, isso o é para permitir que todos possam ter o que doar, difundir ou mesmo desperdiçar, a fim de que outros se beneficiem com larguza. Para habilitá-los, também, que em certos momentos se sentem à mesa dos outros, sem nada trazer, porque eles já gastaram tudo o chegou o momento de receber. Todas as crianças do mundo ficam do lado da Cigarra contra a Formiga, e não estão totalmente erradas.

Em realidade, nossa vida concreta é ou deveria ser uma mistura de partilha e de troca, de justiça e de aliança. Os discursos políticos, que traçam um ideal de justiça a ser eventualmente promovido por meios violentos, excedem muitas vezes as suas premissas e sugerem, sem o dizer com palavras, atitudes e práticas que na verdade dependem da aliança e do sacrifício. Seria cansativo fazer algo de outra modo. Inversamente, a palavra da aliança inclui a "lei da liberdade", porque não se pode confessar o Pai sem amar o outro como a si mesmo. Para ser eficaz, tal amor nos provoca à análise e aos compromissos necessários para que cada ser humano esteja em condição de se pôr de pé.

Não é minha intenção prosseguir nesse tema mais longamente. Para concluir este livro, gostaria de colocar em relação recíproca, a Aliança – realidade de origem e de realização, constantemente presente à humanidade através da Eucaristia, verdadeira "Missa sobre o mundo", e a Partilha, realidade do desenvolvimento, de devir e de tempo, e, portanto, de trabalho e de política. Não penso que a Aliança possa ser posta "ao fim" da Partilha, como um apêndice que sacralizaria os gestos. Inversamente, penso que a Aliança não possa fechar-se sobre si mesma e evitar de penetar no tempo concreto daqueles que a celebram, alcançando assim também aqueles que não a comemoram. Mas o encontro concreto, a cada momento do tempo, de Aliança e de Partilha é a tarefa que empenha a todos nós.

Este livro foi impresso em papel Polen Soft 80g, capa Supremo 250g.
Edições Fons Sapientiae
é um selo da Distribuidora Loyola de Livros

Rua Lopes Coutinho, 74 - Belenzinho 03054-010 São Paulo - SP
T 55 11 3322 0100 | editorial@FonsSapientiae.com.br
www.FonsSapientiae.com.br